Quedlinburg
Aus dem Tagebuch einer Tausendjährigen

Christa Rienäcker

QUEDLINBURG

Aus dem Tagebuch einer Tausendjährigen

Fotografien von Janos Stekovics

VERLAG JANOS STEKOVICS

Inhalt

Zum Geleit	7
Welterbe unter Dach und Fach	8
Quedlinburg-Report anno 1899	12
Zu Quedlinburg im Dome	22
Starke Frauen des 10. Jahrhunderts	28
Kindesentführung im Kaiserhaus	36
Congregatio sanctimonialium – Leben zwischen Krone und Schleier	40
Schlossberg, Wipertikirche, Münzenberg	54
Das Rathaus – Ausdruck des Bürgerstolzes	66
Der Raubgraf	72
Quedlinburger Stadtbefestigung	78
Hedwigs Rache	82
133 auf einen Streich? – Hexenwahn und Hexenverfolgung in Quedlinburg	88
Kirchen in Quedlinburg	94
Von Schiffskehlen, Drudenfüßen, Feuerböcken und halben Männern	110
Adel und Marktadel in Quedlinburg	120
Der „Weiße Engel" – Stuck im Fachwerk	134
Maria Aurora von Königsmarck – Ein Meisterstück des Himmels	140
Barocke Gartenpracht	146
Allet, wat de seihst, is diene ...	156
„Höchste Ehren hat sie in der Heilkunst empfangen"	162
Sankt Johanniskapelle, die kleinste unter ihren Schwestern	168

Die Klopstocks in Quedlinburg 172

Nicht wurzeln, wo wir stehen – nein, weiterschreiten! 182

Pape sitzt im Gewölbe 188

Alles uralt 196

Eine Stadt blüht auf 204

Buntes Treiben in der Stadt 214

„Nimm mich mit, Kapitän, auf die Reise!" 222

Weihnachtszauber 230

Liebeserklärung an eine Tausendjährige 240

Welterbe zwischen Vergangenheit und Zukunft 250

Literatur 254

Danksagung 254

Impressum 256

Zum Geleit

Ihr könnt euch auf Wundervolles gefaßt machen, schon die Fahrt dorthin ist entzückend, renommiere ich. Ihr sollt nur sehen, wie es daliegt in der Ebene, dieses Quedlinburg mit seinen vielen Türmen, seinem altertümlichen Schlosse, seinem roten Dächermeer inmitten der bunten Blumenfelder!

Wilhelmine Heimburg

Malerisch, zauberhaft und anmutig präsentiert sich die tausendjährige Fachwerkstadt ihren Besuchern. Quedlinburg scheint einem Märchenbuch entstiegen zu sein. Es schmiegt sich in eine grüne Hügellandschaft am Nordrand des Harzes, die von der Bode durchflossen wird. Von einer großen Vergangenheit künden Schloss und Stiftskirche auf einem steilen Sandsteinfelsen am Stadtrand. Zu ihren Füßen tragen unzählige Fachwerkhäuser mit Charme und Würde die Last der Jahrhunderte.

Quedlinburg wurde 1994 von der UNESCO in die Liste des Weltkultur- und Naturerbes der Menschheit aufgenommen. Es ist ein im europäischen Maßstab herausragendes Beispiel einer mittelalterlichen Stadt. Dieses Buch erzählt Geschichten aus seiner Geschichte – große, die unser Land geprägt haben, und kleine, ganz alltägliche.

Da ist der Kaufmann, der im 18. Jahrhundert seine nie veröffentlichten Memoiren niederschreibt, die Romanschriftstellerin, die die Stadt ihrer Kindheit mit verklärten Blicken sieht, oder der Maler und Verfasser frecher Halunkenlieder, der auch im fernen Kanada seine Traumstadt nicht vergessen kann. Und da sind die Vielen, die immer wieder ihrem Zauber erliegen, wenn der Schlossberg im Duft des Flieders emporragt oder warmer Kerzenschein zum „Advent in den Höfen" einlädt.

Christa Rienäcker

Welterbe

unter Dach

und Fach

Ein kleines grünes Oval auf der Landkarte mitten in Deutschland – das ist der Harz. Dort, wo die Bode, sein wildestes Kind, ihr enges Felsental zwischen Hexentanzplatz und Rosstrappe verlässt und mit gezügeltem Temperament in das sanfte, hügelige Vorland strömt, liegt Quedlinburg. Die „düstere Schöne", wie Heinrich Heine die Bode einst nannte, scheint ihre neu gewonnene Freiheit zu genießen. In schwungvollen Bögen teilt sie sich in mehrere Arme, die spielerisch den Königshof Wiperti und den Schlossberg umfließen, Alt- und Neustadt voneinander trennen und sich, nachdem sie Quedlinburg den Rücken gekehrt haben, wieder vereinen.

Fachwerkhaus im Quedlinburger Sonderstil (Word 1/2)

Welterbe unter Dach und Fach – das kann man in dieser Stadt wörtlich nehmen. Mehr als 2000 Fachwerkhäuser prägen das unverwechselbare Bild der tausendjährigen Schönen zu Füßen des Schlossberges. Jedes Jahrhundert hat in dem bunten Reigen seine besonderen Merkmale hinterlassen. Sie machen den Weg durch die engen Gassen, vorbei am bewegten Auf und Ab der Giebelfronten, am reichen Fassadenschmuck aus Palmetten, Schiffskehlen und Andreaskreuzen, zu einem Gang durch die Geschichte des Fachwerkbaus.

Auf dem steilen Sandsteinfelsen thront wuchtig in sich ruhend die romanische Stiftskirche St. Servatius. In ihrem Inneren birgt sie die Grabstätten des ersten deutschen Königspaares und den berühmten Domschatz, dessen Kostbarkeiten zum Teil älter sind als die Kirche selbst. Im 10. Jahrhundert lag hier eine der am häufigsten besuchten Pfalzen der ottonischen Kaiser. Die Schlossgebäude mit ihren reizvollen Renaissancegiebeln waren fast 900 Jahre lang Heimstatt für Frauen des Hochadels. Die Gemahlin Heinrichs I. legte 936 den Grundstein für das privilegierte Familienstift ihres Herrscherhauses. Dessen Töchter übten hier bis zur Mitte des 11. Jahrhunderts das Äbtissinnenamt aus.

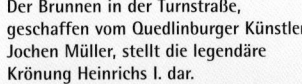

links: Der Wordspeicher ist heute ein Museum für Kunst und Kunsthandwerk

Der Brunnen in der Turnstraße, geschaffen vom Quedlinburger Künstler Jochen Müller, stellt die legendäre Krönung Heinrichs I. dar.

Während sich das Gelände der Pfalz zwischen Schlossberg, Münzenberg und Wipertikirche erstreckte, entwickelte sich die Stadt Quedlinburg am Ende des 10. Jahrhunderts in nördlicher Richtung. Den entscheidenden Anstoß dazu gab die Verleihung des Markt-, Münz- und Zollrechtes an das Stift im Jahre 994.

51 Jahre lang gehörte die aufblühende Stadt zur Hanse, dem mächtigsten mittelalterlichen Wirtschaftsverbund. Saatzucht und Samenhandel verschafften ihr im 19. und beginnenden 20. Jahrhundert Weltgeltung. 1994 wurde Quedlinburg in die UNESCO-Liste der geschützten Kulturdenkmale der Menschheit aufgenommen.

Quedlinburg-Report
anno 1899

vorige Doppelseite: Der Schlosshof im
19. Jahrhundert

Emilie Wilhelmine Bertha Behrens, geboren am 7. September
1848 in Thale, aufgewachsen als Tochter des Militärarztes
Dr. Hugo Behrens in Quedlinburg, ist heute weitgehend vergessen. Unter ihrem Künstlernamen Wilhelmine Heimburg wurde
sie von der Generation unserer Groß- und Urgroßmütter geliebt
und gelesen. Mit Spannung erwartete man die Fortsetzungsrei-
hen ihrer Romane in der „Gartenlaube", einer beliebten Zeitschrift um die Wende vom 19. zum 20. Jahrhundert. In ihren
Novellen „Großvaters Stammbuch" und „Gute Freundinnen und
getreue Nachbarn" hat sie Kindheits- und Jugenderinnerungen
aus ihrer Harzheimat verarbeitet. Quedlinburg ist der Schauplatz
ihrer Romane „Trudchens Heimat", „Im Wasserwinkel" und
„Familie Lorenz". Als 17-Jährige verließ Bertha Behrens mit ihren
Eltern Quedlinburg.

Nach ihren ersten schriftstellerischen Erfolgen ging sie nach
Dresden. In ihrem Haus verkehrten Literaten wie Theodor Storm
sowie zahlreiche Maler. Mit zwei Zeichnerinnen bereiste sie im

Schlossberg mit
Stiftskirche im
Jahr 1899

Alter von 51 Jahren noch einmal die Stadt ihrer Kindheit und schrieb darüber in der „Gartenlaube" einen ausführlichen Bericht. Er soll hier die oft übliche, meist etwas trocken geratende geschichtliche Einleitung ersetzen, auch wenn nicht alle Fakten dem kritischen Auge des Historikers standhalten.

Im Gegensatz zur distanzierten, stellenweise ironischen Darstellung Theodor Fontanes, der fast zur gleichen Zeit Quedlinburg besuchte und seine Eindrücke im Roman „Cécile" verarbeitete, sieht Wilhelmine Heimburg die Stätten ihrer Kindheit mit liebevoll verklärten Blicken. Wenn sich ihr Reisebericht auch nicht mit der literarischen Brillanz des berühmten Romanciers vergleichen lässt, gründlicher recherchiert ist er auf jeden Fall.

Wilhelmine Heimburg: „Quedlinburg"
Die Schimmelequipage ist vorgefahren, die Reise kann losgehen. Jede von uns hat ihr Handwerkszeug bei sich, die beiden Malerinnen ihre Skizzenbücher, ich das Notizbuch, um Daten an Ort und Stelle festzuhalten, die ich eigentlich von Rechts wegen wissen müßte, denn Quedlinburg ist meine Heimat, das schöne alte Quedlinburg!

Meinen beiden Begleiterinnen habe ich die Reize der alten Kaiserstadt so verlockend geschildert, daß sie mir von Dresden her nach meiner Sommerwohnung in Quedlinburgs Nähe gefolgt sind, bereit, das ganze alte Nest mit seinen unzähligen malerischen Motiven zu verschlingen.

„Ihr könnt euch auf Wundervolles gefaßt machen, schon die Fahrt dorthin ist entzückend", renommiere ich. „Ihr sollt nur sehen, wie es daliegt in der Ebene, dieses Quedlinburg mit seinen vielen Türmen, seinem altertümlichen Schlosse, seinem roten Dächermeer inmitten der bunten Blumenfelder!" Wir schachteln uns in den Wagen ein, samt Regen- und Malschirmen. Herr R., der Lenker und Besitzer

Eingang in die Krypta

der netten Equipage, fragt vorsichtshalber noch, wo er ausspannen soll drunten. Ich bin für den „Weißen Engel" am alten Topfthor, weil dort vor langen Jahren meine Großmutter ihr Wägelchen, das „die braune Liese" zog, einzustellen pflegte, aber Herr R. ist vornehmer, er will in den „Bär". Schön! Vorläufig interessieren uns die Quedlinburger Wirtshäuser noch nicht, wir wollen eben nur alte Kunst und ewig junge Natur genießen und ehrwürdigen Erinnerungen nachgehen. Unterwegs – der Sommernebel verhüllt die Stadt fast ganz – bekomme ich ein wenig moralischen Katzenjammer, ich habe vielleicht mit zu glühenden Farben geschildert: der alten Heimat gegenüber fühlt man sich ja wie ein Mann seiner geliebten Braut gegenüber: er findet alles an ihr zauberhaft, die bescheidensten Reize sind ihm Schönheiten ersten Ranges. Wenn die beiden erwartungsvollen Augenpaare, die den Nebel da unten zerreißen möchten, sich am Ende enttäuscht abwenden? Das würde mir doch weh thun, gerade so weh wie dem Sohne, dem die Mutter, nachdem er ihr die Braut präsentiert hat, heimlich und mitleidig gesteht:

„Na ja, mein Junge, sie ist ja ganz niedlich, aber nach deiner Beschreibung musste ich annehmen, eine siegreiche Schönheit als Schwiegertochter umarmen zu können; da sieht man wieder, die Liebe ist blind –."

Ein bißchen kleinlaut fahren wir dahin. Das Schloß, die Schloßkirche heben sich jetzt deutlicher aus dem Nebel. Wie schön, wie stattlich! denke ich, und das Herz geht mir auf in Erinnerung an die ersten Kirchenbesuche des kleinen Mädchens, dem nie wieder im spätern Leben so feierlich bei einem Gottesdienst zu Sinne war wie da droben im Quedlinburger Dom unter den Klängen der alten Orgel, die der Kantor R. spielte, bei den Worten des schlichten, milden alten Pastors B. –

Der Wagen fährt über die Stumpfsburger Brücke. „Bitte, durch das Wasserthor", rufe ich dem Rosselenker zu, „und dann durch die lange Gasse nach dem Schloßplatz!" Und wie wir uns dem Wasserthor nähern, da trifft ein doppelter Jubellaut mein Ohr, meine Gefährtinnen sind plötzlich im Wagen aufgesprungen, wie elektrisiert. „Annie, sieh doch! Nein, ist das schön!" – „Nein, Dora, diese Häuserchen, diese Dächer, diese Farben – diese Farben!" Jenseits der Bode thront hoch auf steilem Felsen das Schloß, und an dem Abhange des Berges ziehen sich die Straßen des Westendorfs hin, kleine enge Gassen, von lauter winzigen, ärmlichen Häuserchen gebildet; ein Dächergewirr, kraus und mannigfaltig, in allen Nuancen von Rot, vom beschmutzten verwitterten bis zum leuchtenden Braunrot der neuen Ziegel, mit denen man die alten Dächer ausgebessert hat. Und die Häuser selbst, wie die Farben eines Tuschkastens – grün, lila, gelb, himmelblau sind sie angestrichen, wie neu, wie

Blick auf die Grabstätte König Heinrichs I. in der Krypta der Stiftskirche (1899)

eben fertig geworden zum lieben Pfingstfest; dazwischen die Gärtchen mit üppigem Grün. Und das blüht und prunkt in der strahlenden Sonne zu Füßen des ernsten ragenden Kaiserschlosses, als habe man einem altersgrauen stolzen Recken einen lustigen bunten Teppich zu Füßen gebreitet.

Wir fahren durch enge winklige Straßen, die ich gut, ach so gut kenne, denn meine Kinderfüße sind über ihr Pflaster gelaufen; die frohen Spiele sommerabends mit den Nachbarkindern fallen mir ein, die Gänge zur Schule.

Ueber die Mauern wehen die Zweige der alten Obstbäume, an denen die Winteräpfel längst vergangener Tage reiften. Dort wohnt der Bäcker, der die Weihnachtsstollen buk, große flache Kuchen, dick mit Mandeln und Zucker bestreut, die so wundergut schmeckten. Und nun ein kleiner von alten Häusern umgebener Platz – „Finkenherd" ist an dem ersten Hause zu lesen. Dort ist es, wo der Sage nach zu Anfang des zehnten Jahrhunderts Herzog Eberhardt, des Königs Konrad I. Bruder, auf dessen Wunsch, dem Sachsenherzog Heinrich die deutsche Kaiserkrone überbrachte, die dieser mit so hohen Ehren trug bis zu seinem im Jahre 936 in Memleben an der Unstrut erfolgten Tod.

Damals mag auf diesem Fleck wohl Buchen- und Eichenwald gerauscht haben, denn der ritterliche Herr lag, wie bemeldet, just dem Vogelfange ob, als ihn die Gesandten trafen. Und an der Bode, die jetzt zwischen bebauten Ufern dahinfließt, standen damals die Hütten des kleinen Dörfchens Quittlingen. Der neue junge Kaiser mag begreiflicherweise für den Ort, an dem ihm so hohe Ehre widerfuhr, eine große Zuneigung gefaßt haben, so daß er beschloß, auf dem Felskegel, der sich unweit des Finkenherdes erhebt, eine feste Burg zu gründen, was er denn auch bald ausführte. So entstand die Feste Quidelingeburg.

Wir halten jetzt auf einem etwas bergansteigenden freien Platz unter alten Linden und Kastanien, die den Aufstieg zum Schloß und Dom beschatten. Dort unten das Haus mit dem säulengetragenen Vorbau ist die Geburtsstätte Klopstocks. Wir haben den Wagen verlassen und wandern unter den Bäumen unserem Ziele entgegen. Recht steil geht es empor, und das Pflaster ist nicht grad berühmt.

Aber ich erinnere mich aus meiner Kinderzeit der Weihnachtsmorgen, an denen der Schnee die holprigen Steine mit einem flaumigen Teppich belegt und jede Kontur des stolzen Baues, jedes Aestchen der Linden mit leuchtendem Weiß nachgezeichnet hatte; Christmorgen, an denen alte fromme Weiblein im langen faltigen Tuchmantel und mit pelzverbrämter Kapuze inmitten erwartungsvoller Kinder hier hinauftrippelten, die Laternchen in der Hand, die gelbe zuckende Lichter über den bläulichen Schnee warfen. Ich mitten unter ihnen, andächtig und glückselig, umwogt von den Glockenklängen, und über uns die Sterne der heiligen Nacht. Und unter diesen Erinnerungen sind wir hinaufgekommen, ich weiß nicht wie, und stehen nun auf dem Schloßhof.

„Zuerst in die Kirche, Kinder", sage ich, und da wartet auch schon der freundliche Küster und seine ebenso freundliche Frau, bereit, uns zu führen.

Durch ein schönes gotisches, aber stark verwittertes Portal, das eine spätere Aebtissin dem frühromanischen Bau einfügen ließ – laut Inschrift war es Jutta von Kranichfeld, etwa im Jahre 1324 – treten wir ein in die uralte Krypta, in der Kaiser Heinrich I. schlummert. Er hatte Kirche und Stift gegründet als ein Zeichen seiner Dankbarkeit gegen Gott, nachdem es ihm gelungen war, die Ungarn niederzuwerfen: und hier, an dieser Stätte, hat man ihn begraben. Sie ist ein säulengetragenes frühromanisches Gewölbe, diese Krypta. Die Säulenkapitelle, obgleich von primitiver Technik, zeigen doch große Feinheit und Mannigfaltigkeit. Gegen Osten, unter einem Fenster in Rosettenform, befindet sich ein halbkreisförmiger Raum, zu dem einige Stufen hinaufführen, die Betkapelle Mathildens, der Witwe Kaiser Heinrichs I., von der die Sage berichtet, daß sie nach dem Tode ihres großen Gemahls die kaiserlichen Gewänder für immer abtat und in dieser Kapelle allnächtlich dem geschiedenen Gatten nachweinte in heißer unvergänglicher Witwentrauer, bis man sie an seine Seite bettete (968).

Sein Sohn war es, der die Burg zu dem bestimmte, was sie später Jahrhunderte hindurch war in aufsteigender und absteigender Linie, zu einem freien weltlichen Reichsstift. Die Geschichte nennt Ottos I. Tochter Mathilde als erste Aebtissin. Viele von ihnen waren vornehmste fürstliche Damen, unter denen das Stift glänzende Tage höfischen Lebens gesehen hat. Diese Aebtissinnen hatten später fürstliche Rechte, Sitz und Stimme in den Reichstagen, und zwar saßen sie bei solchen Gelegenheiten auf der rheinischen Prälatenbank.

Wir steigen hinunter in die Fürstengruft. Hier schläft auch friedlich neben ihren beiden erbitterten Todfeindinnen im Leben, der Eleonore Sophie und Maria Magdalena, Gräfinnen von Schwarzburg, die vielgenannte Marie Aurora von Königsmarck, die Geliebte Augusts II., König von Polen und Kurfürst von Sachsen, Mutter des Marschalls Moritz von Sachsen.

Zu meiner Jugendzeit wurde der unverwest erhaltene Körper dieser einst so schönen gefeierten Frau noch gezeigt. Die damalige Kastellanin, eine alte dicke Madame, pflegte bitterlich zu weinen, sobald sie den Sargdeckel hob, indem sie die Tote lobte und pries. Durchreisende Fremde wallfahrteten zu jener Zeit nach dieser Sehenswürdigkeit Quedlinburgs, und so einst auch mein Vater als flotter Student. Im Gasthofe fragte er dann die Kellnerin,

Wilhelmine Heimburg besucht mit ihrer Begleitung das Schloss.

die ihm ein Frühstück auftrug, ob sie die Königsmarck schon einmal gesehen habe. „Nä!" war die Antwort der hübschen Quedlinburger Dirne, „wahnt de all lange hier?"

Einen schönen Anblick bot Aurora im Sarge eben nicht.

Ich erinnere mich nur, daß sie in veilchenfarbenen Sammet und vergilbten weißen Atlas gekleidet war, daß dunkles Haar unter dem Häubchen hervorsah und daß sie auffallend lange Augenwimpern und kinderkleine schmale Hände hatte.

Gottlob, heute wird sie nicht mehr gezeigt.

Wir atmen auf, als wir oben in der Kirche stehen, die, über der Krypta erbaut, im Jahre 1021 vollendet und von Kaiser Heinrich II. geweiht wurde, dann, im Jahre 1070 durch Brand schwer geschädigt, erst im Jahre 1129 in Gegenwart Kaiser Lothars II. mit großer Pracht abermals eingeweiht worden ist.

Im Laufe der Jahrhunderte ist die ursprüngliche Schönheit der frühromanischen Kirche durch allerhand dem augenblicklichen praktischen Bedürfnis dienende Zuthaten arg geschädigt worden. Man hatte Betstübchen zwischen die herrlichen Säulen gebaut und einen Riesenaltar im Barockstil auf den hohen Chor gesetzt, an und für sich gewiß eine recht kunstreiche Leistung, aber in dies einfache vornehme Gotteshaus nicht passend. Festliche, glänzende Gottesdienste mögen hier stattgefunden haben, z. B. bei Gelegenheit der Einführung einer neuen Aebtissin, deren manche aus königlichem Geblüt stammte.

Hier nahte sich auch, der Sage nach, am heiligen Weihnachtsmorgen dem Kaiser Otto I. sein aufrührerischer Bruder Heinrich, der, obwohl jünger als Otto, sich dennoch, beeinflußt durch seine Mutter, deren Lieblingssohn er war und die lieber ihn auf dem Thron sehen wollte als ihren Erstgeborenen, dreimal gegen ihn auflehnte und dreimal in blutiger Fehde von Otto besiegt wurde. Zuerst noch zürnend und den Reuigen abweisend, reichte doch der großmütige Kaiser dem Bruder die Hand auf Mahnung des Bischofs, der die Bibelworte citierte:

> „Und Petrus sprach zum Herrn:
> Nicht so? Genügt ich hab',
> Wenn ich dem sünd'gen Bruder
> schon siebenmal vergab?
> Doch Jesus ihm antwortet:
> Nicht siebenmal vergieb,
> Nein siebenzig mal sieben,
> das ist dem Vater lieb.
>
> Da schmilzt des Kaisers Strenge
> in Thränen unbewußt,
> Er hebt ihn auf, den Bruder,
> er drückt ihn an die Brust:
> Ein lauter Ruf der Freude
> ist jubelnd rings erwacht,
> Nie schöner ward begangen
> die heil'ge Weihnachtsnacht."

Die Ballade, deren Schlußstrophen so lauten, und die beginnt: „Zu Quedlinburg im Dome ertönet Glockenklang", lernten wir Quedlinburger Kinder in der Schule aufsagen, und nie habe ich das alte Gotteshaus betreten, ohne der kaiserlichen Brüder zu gedenken, deren Herzen sich hier wiedergefunden haben sollen.

Die Kaiserin Friedrich, die als Kronprinzessin mit ihrem Gemahl in den sechziger Jahren das Schloß besuchte, regte die Renovierung der herrlichen Kirche an, und nach ihrem Wunsche erstand, ausgeführt durch den hochverdienten Herrn von Quast, das alte Gotteshaus in ursprünglicher Schönheit. Die Kanzel ist nach einem Entwurfe der Kaiserin aus Sandstein gehauen im romanischen Stil: wundervoll sind auch hier die Säulenkapitäle sowie der hohe Chor mit dem Hochaltar, den wiederum Jutta von Kranichfeld erbaute.

Hinter der Sakristei befindet sich die so genannte Zitter, ein Raum, der eine Menge wertvoller Antiquitäten birgt, alte, von den Frauen des Stiftes verfertigte Gobelins, prächtige Reliquienkästen und Reliquien, den Bartkamm Heinrichs I., aus Elfenbein geschnitzt und mit Edelsteinen besetzt, ein Gefäß aus durchscheinendem Travertin, das als ein Krug von der Hochzeit zu Kana bezeichnet wird.

Herrliche alte Manuskripte sind hier vorhanden, darunter mehrere Evangelistarien, in Goldblech gebunden, mit Edelsteinen verziert und mit großer Kunst geschrieben oder gemalt. Auch zwei Exemplare des Sachsenspiegels werden aufbewahrt: der eine kleinere aus dem Ende des 13. Jahrhunderts; der zweite, in großer, schöner Schrift, dadurch merkwürdig, daß er einst im Besitze des berühmten Magdeburger Bürgermeisters Otto von Guericke gewesen ist. Außer diesen und vielen andern Schätzen, reich mit Edelsteinen und Schnitzwerk geschmückten Reliquienkästen und Behältern, gibt es hier auch wertvolle Schriftstücke, darunter zwei Briefe von Luther und einen von Melanchthon.

Unser freundlicher Erklärer hat uns noch eine Überraschung vorbehalten: er führt uns noch einmal durch die dämmernde Krypta, in der wir uns im Vorüberschreiten an einem prächtigen alten Taufstein erfreuen, er öffnet hier eine

Thür nach Süden, durch welche uns eine Fülle goldenen Lichtes entgegenflutet, und wie wir das schmale rasenbewachsene, von niedriger Mauer eingefriedete Gärtchen betreten, da erfassen unsere Blicke ein wundervolles Bild – unter uns die roten Dächer des Westendorfes, aber jenseits derselben, fortschweifend über die stolzen Bäume des Lustwäldchens Brühl, über lachende Felder und traute Dörfer – die Berge des Harzes, in blauen Duft gehüllt: dort Victorshöhe, dort Tanzplatz und Roßtrappe, seitwärts der alte sagenumwobene Brocken.

Nur ungern reißen wir unsere Blicke los von der herrlichen Rundsicht und stehen bald wieder auf dem Schloßhof. In den uralten Linden spielt der Sommerwind und auf der Bank unter ihnen sitzt das hübsche Töchterlein des Kastellans und sieht fragend zu uns herüber. Auf unsere Erkundigung, ob wir das Schloß besehen können, verschwindet das nette Mädel, um ihre Mutter zu benachrichtigen, und wir sehen uns inzwischen die alten Gebäude an, thun einen Blick in den Schloßhof und bewundern die herrlichen Rosen im Gärtchen des Kastellans, wirklich eine seltene Pracht! Man sieht, die mit den Blüten fast überdeckten Sträucher lohnen dem gütigen Pfleger durch immer neue Knospen.

Die Frau Kastellanin erscheint mit einem Schlüsselbund in der Hand, und wir treten unsere Wanderung an. Eine breite, hohe, überdachte Treppe führt empor in die Prunkgemächer des Freien deutschen Reichsstiftes Quedlinburg. Zunächst empfängt uns ein gegipster kahler Vorraum, über dessen mächtiger Thür das holzgeschnitzte Stiftswappen den einzigen Schmuck bildet, zwei ins Andreaskreuz gesetzte silberne goldschalige Tafelmesser im roten Felde.

Nun treten wir in einen weiten Raum, den so genannten Blauen Saal, den größten des Stiftes. Ein riesiges Gemach mit fein gearbeiteter Stuckdecke. Einige Stühle aus alter Zeit

Durch die Wegekapelle St. Nikolai in Vinculis führt der Weg in die sogenannte Fürstengruft mit den Grabstätten der Pröpstin Maria Aurora von Königsmarck und anderer Äbtissinnen.

mit zerfetztem Lederbezug, der noch Spuren starker Goldpressung zeigt, stehen da, sonst keine Möbel, der weite Raum ist ganz leer. Aber von den Wänden schauen die Portraits der letzten zwölf Äbtissinnen herab, die einstens hier das Scepter schwangen, und zwar sind es die evangelischen Aebtissinnen von Anna von Stolberg an bis zur Sophie Albertine, Prinzessin von Schweden. Und während wir an ihnen vorüberschreiten und uns von der Frau Kastellanin die Namen nennen lassen, durchwandern wir ein großes Stück Weltgeschichte. Uns interessieren von ihnen besonders die Aebtissin Anna von Stolberg II., ferner die Pröpstin Maria Aurora von Königsmarck und die schöne Anna Amalia, königliche Prinzessin von Preußen, Friedrichs des Großen Schwester. Anna von Stolberg, die 25. Aebtissin des Stiftes, kam dreizehnjährig zur Regierung: sie war es, die im Jahre 1539 aus eigner Machtvollkommenheit und im ernsten Glauben an die neue reine Lehre zum lutherischen Bekenntnis übertrat.

Anna gründete auch, auf Luthers und Melanchthons Rat, das jetzt noch bestehende Gymnasium zu Quedlinburg und überwies dem Magistrat das nunmehr verlassene Franziskanerkloster in der Breitestraße, woselbst das Gymnasium bis in die sechziger Jahre dieses Jahrhunderts verblieb.

Vor dem Bilde der Aurora von Königsmarck, einer üppigen dunkelhaarigen Schönheit, verweilen wir wiederum längere Zeit. Sie kam von dem lebenslustigen Hofe Augusts des Starken, dessen Geliebte sie gewesen war, im Jahre 1698 nach Quedlinburg, um, zunächst als Pröpstin, in das Stift zu treten, und gedachte, dermaleinst ihre Laufbahn als Aebtissin desselben zu beschließen. Aber dieses Ziel zu erreichen, war ihr versagt.

Die lieblichste unter den hohen Frauen, deren Porträts in diesem Saale hängen, dünkt uns die Prinzessin Amalia von Preußen, deren große blaue strahlende Augen an die ihres Bruders, des Großen Friedrich, erinnern. Zweiunddreißig Jahre hindurch war sie Aebtissin des Stiftes. Am 12. April 1756 huldigten ihr Rat und Magistrat sowie die gesamte Bürgerschaft auf dem Markte, und unter ihrer Regierung erfuhren Stadt und Stift die Drangsale des Siebenjährigen Krieges. Die Frau Aebtissin residierte übrigens nicht in Quedlinburg, sie schenkte dem Stift nur dann und wann einen gnädigen Besuch; war sie aber zugegen, so sah das Schloß glänzende Tage, Gastmähler und Bälle.

Zum letztenmal kam sie im Jahre 1785, um eine neue Kanonissin und eine neue Pröpstin einzuführen. Ihre Gesundheit war erschüttert, sie hatte ja viel, sehr viel Schmerzliches erlebt, und der Tod Friedrichs des Großen brach ihre letzte Kraft. Am 30. März schloß sie die blauen bewunderten Augen für immer.

Ihre Nachfolgerin, die letzte Aebtissin, war Sophie Albertine, königliche Prinzessin von Schweden, Schwester Gustavs III. Mit dem Frieden von Luneville erlosch der Glanz des Stiftes, es verlor nun seine Reichsstandschaft und die Aebtissin ihre Landeshoheit. Das Stift wurde jetzt als Fürstentum Quedlinburg dem preußischen Staat einverleibt.

Der Friede von Tilsit teilte es dem Königreich Westfalen zu.

Seine sämtlichen Liegenschaften, Propsteien, Domänen, Vorwerke, Mühlen, Gärten und Aecker wurden verkauft, ebenso die Güter der Schloß- und Stiftskirche, die Kapitalien wurden eingezogen, die Hofgemeinde aufgehoben und der Gottesdienst eingestellt. Selbst die Altarleuchter und Kelche nahm man in Beschlag; ein Wunder, sagt die Chronik, daß man der so beraubten Kirche die Glocken ließ. Das Mobiliar des Schlosses wurde gleichfalls, auf Befehl von Kassel aus, verkauft.

Als Quedlinburg, nach Napoleons Sturz und Internierung auf Elba, wiederum an Preußen kam, entsagte die Frau Aebtissin ihrer Regierung und nahm vom König von Preußen eine Entschädigung an: die Stiftsbedienten behielten bis zu ihrem Tode die Gehälter.

Dann sind die Jahre gekommen und haben die großen Gemächer verödet.

Nur der Fremde geht nachdenklich ob des Wechsels alles Irdischen über das kunstvolle Parkett des Krönungssaales und durch die Zimmer, die Friedrich Wilhelm IV. bewohnte, wenn er hier der Jagd oblag.

Meine Gefährtinnen reißen mich aus meiner Versunkenheit, zum Aufbruch mahnend. Sie haben mit der Frau Kastellanin verabredet, daß sie morgen wiederkommen werden mit ihren Skizzenbüchern.

Als wir, von ihr geleitet, wieder hinaustreten ins Freie, da liegt noch der vollste Sonnenschein über dem Schloßhof, und die Rosen des Gärtchens senden uns ihren Duft entgegen.

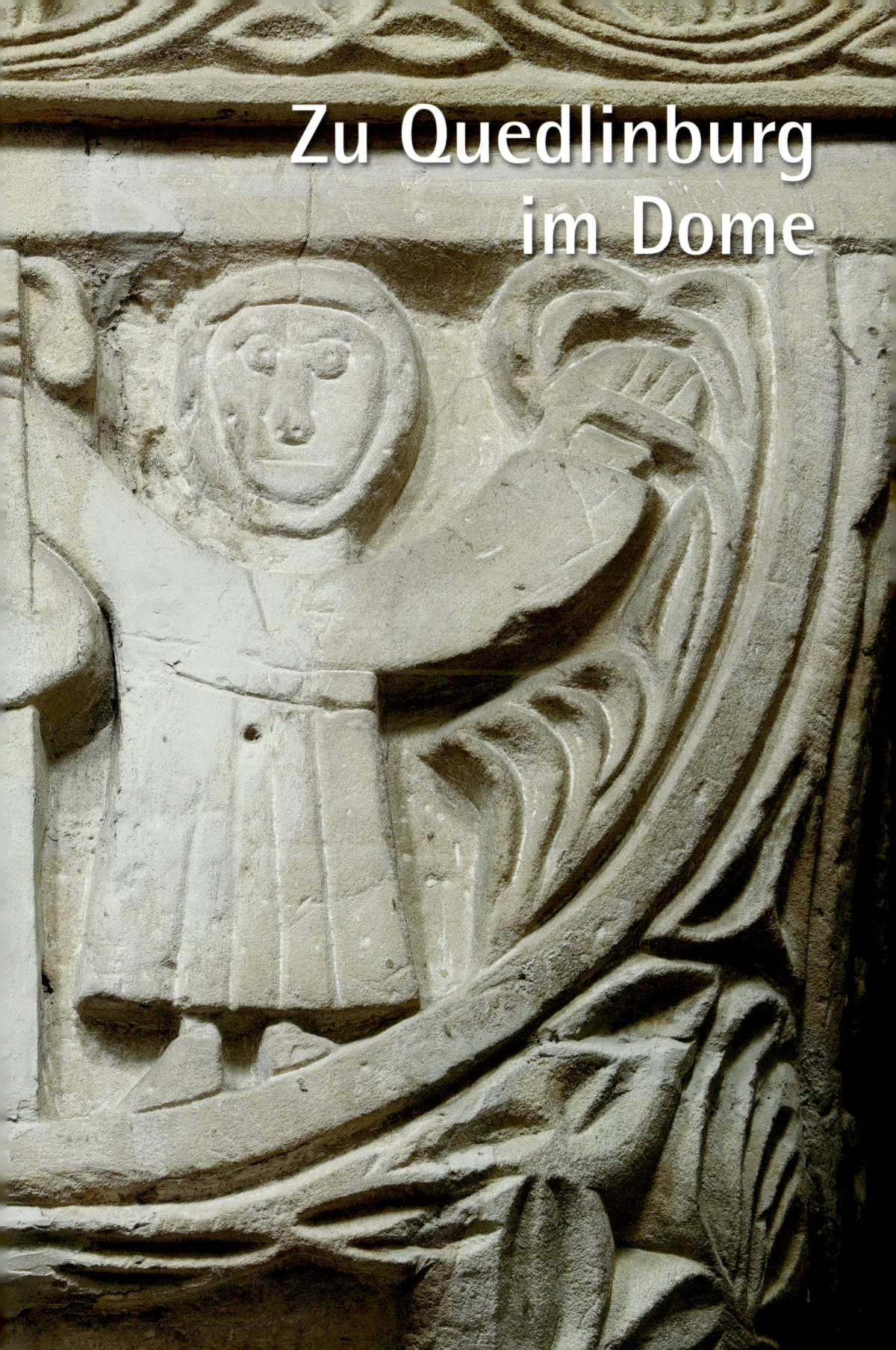

Zu Quedlinburg
im Dome

vorige Doppelseite: Kapitell aus dem Langhaus der Stiftskirche

Mit dieser Zeile beginnt ein langes, rührend-pathetisches Gedicht von Heinrich von Mühler (1813–1874). Es schildert in bildreicher Sprache die Versöhnung Ottos I. mit seinem aufrührerischen Bruder Heinrich, der 941 gegen ihn geputscht hatte. Nach dem fehlgeschlagenen Versuch, seinen älteren Bruder zu stürzen, erscheint Heinrich am Weihnachtsabend im Büßergewand in der Quedlinburger Stiftskirche und bittet reumütig um Vergebung. So schildert es zumindest der Autor des Gedichtes.

Der Schlossberg mit den Türmen der romanischen Stiftskirche

Hintergrund der mehrfachen Verschwörungen, die Heinrich gegen seinen Bruder Otto angezettelt hatte, war der Streit um die Thronfolge. König Heinrich I. hatte bereits einige Jahre vor seinem Tod sein Erbe geregelt und seinen Sohn Otto zu seinem Nachfolger designiert, eine nach damaligem Rechtsverständnis völlig legale Entscheidung. Sie bildete die Voraussetzung für die spätere Wahl zum König.

Heinrichs Gemahlin Mathilde war da allerdings anderer Meinung und hätte lieber ihren jüngeren Sohn Heinrich auf dem Thron gesehen. Sie wurde dabei von einer Partei unterstützt, die sich auf byzantinisches Recht bezog. Danach konnte nur ein „Purpurgeborener" die Nachfolge auf dem Herrscherthron antreten. Das bedeutet, er musste in der Purpurkammer, dem kaiserlichen Schlafgemach im Palast von Byzanz, zur Welt gekommen sein. Auf einheimische Verhältnisse übertragen hieß das, der Thronfolger konnte bereits bei seiner Geburt auf einen königlichen Vater verweisen. Das traf auf den jungen Heinrich (geb. 922) zu, nicht aber auf seinen zehn Jahre älteren Bruder Otto (geb. 912). König Heinrich I. wurde bekanntlich erst im Mai 919 in dieses Amt gewählt, vorher war er nur Herzog.

Der historische Hintergrund für das von Mühlersche Gedicht stimmt also. Dass sich die Versöhnungsszene allerdings in Quedlinburg abgespielt hat, ist eher unwahrscheinlich, da der König und spätere Kaiser Otto I. das Weihnachtsfest des dafür in Frage kommenden Jahres, wie schriftliche Quellen berichten, in Frankfurt gefeiert hat.

Zu Quedlinburg im Dome

Zu Quedlinburg im Dome ertönet Glockenklang
Der Orgel Stimmen brausen zum ernsten Chorgesang.
Es sitzt der Kaiser drinnen mit seiner Ritter Macht,
Voll Andacht zu begehen die heilige Weihenacht.

Hoch ragt er in dem Kreise, von männlicher Gestalt,
Das Auge scharf wie Blitze, vom goldnen Haar umwallt.
Man hat ihn nicht zum Scherze den Löwen nur genannt,
Schon mancher hat empfunden die löwenstarke Hand.

Wohl ist auch jetzt vom Siege er wieder heimgekehrt,
Doch nicht des Reiches Feinden hat mächtig er gewehrt;
Es ist der eigne Bruder, den seine Waffe schlug,
Der dreimal der Empörung blutrotes Banner trug.

Adlerkapitell in der Stiftskirche

Jetzt schweift er durch die Lande, geächtet, flüchtig hin,
Das will dem edlen Kaiser gar schmerzlich in den Sinn.
Er hat die schlimme Fehde oft bitter schon beweint;
„O Heinrich, du mein Bruder, was bist du mir so feind."

Zu Quedlinburg vom Dome ertönt die Mitternacht,
Vom Priester wird das Opfer zur Messe dargebracht.
Es beugen sich die Kniee, es beugt sich jedes Herz,
Gebet in heil'ger Stunde steigt brünstig himmelwärts.

Da öffnen sich die Pforten, es tritt ein Mann herein.
Es hüllt die starken Glieder ein Büßerhemde ein.
Er schreitet zu dem Kaiser, er wirft sich vor ihn hin,
die Knie er ihm umfasset mit tiefgebeugtem Sinn.

„O Bruder, meine Fehle, sie lastet schwer auf mir,
Hier lieg ich zu Füßen, Verzeihung flehend, dir.
Was ich mit Blut gesündigt, die Gnade macht es rein,
Vergib, o strenger Kaiser, vergib, du Bruder mein."

Bleich werden rings die Fürsten, der Herzog Heinrich bleich
Und Stille herrscht im Kreise, gleichwie im Totenreich.
Man hätte mögen hören jetzt wohl fallend Laub,
denn keiner wagt zu wehren dem Löwen seinen Raub.

Da hat sich ernst zum Kaiser der fromme Abt gewandt,
Das ew'ge Buch der Bücher, das hält er in der Hand.
Er liest mit lautem Munde der heil'gen Worte Klang,
Daß es in aller Herzen wie Gottes Stimme drang.

„Und Petrus sprach zum Herren: Nicht so. Genügt ich hab',
Wenn ich dem sündgen Bruder schon siebenmal vergab.
Doch Jesus ihm antwortet: Nicht siebenmal vergib,
Nein siebzig mal sieben, das ist dem Vater lieb."

Da schmilzt des Kaisers Strenge in Tränen unbewußt,
Er hebt ihn auf, den Bruder, er drückt ihn an die Brust;
Ein lauter Ruf der Freude ist jubelnd rings erwacht –
Nie schöner ward begangen die heil'ge Weihenacht.

Blick ins Langhaus und auf den Hohen
Chor der Stiftskirche

Starke Frauen des
10. Jahrhunderts

vorige Seite: Äbtissin Mathilde wird 966 in Anwesenheit der kaiserlichen Familie in ihr Amt eingeführt. Auf der linken Seite stehend ihr Bruder Otto II., sitzend ihre Großmutter, Königin Mathilde, und ihre Mutter, Kaiserin Adelheid. Der Vater, Kaiser Otto I., überreicht seiner elfjährigen Tochter den Äbtissinnenstab. (Gemälde von O. Markus im Festsaal des Rathauses)

Die Quitilingaburg auf dem steilen Sandsteinfelsen vor der Kulisse der nahen Harzberge stand im 10. Jahrhundert im Brennpunkt des politischen Geschehens. In einer Zeit brisanter Umbrüche und Neuanfänge machte sie König Heinrich I. aus dem aufstrebenden sächsischen Geschlecht der Liudolfinger zu seiner Lieblingspfalz und späteren Grablege. Seine Nachkommen, die Ottonen, setzten diese Traditionen fort, wenn auch mit wechselnder Intensität.

Kapitell an der nördlichen Arkadenwand des Langhauses

In der Krypta befinden sich außer den Königsgräbern viele figürliche Grabplatten der Stiftsäbtissinnen

Glänzende Hof- und Reichstage, die Osterfeiern des Herrscherhauses und 69 Königs- und Kaiserbesuche in den Mauern der Quitilingaburg verliehen ihr vorrangige Bedeutung unter den Pfalzen des Reiches. Aber nicht nur das Schicksal der ottonischen Kaiser war eng mit ihr verbunden, sondern in viel stärkerem Maße das ihrer Frauen, der First Ladies des 10. Jahrhunderts.

An der Seite Heinrichs I., Ottos I. und Ottos II. teilten ihre Frauen mit ihnen den Glanz, aber auch die Strapazen des mittelalterlichen Reisekaisertums. Auf beschwerlichen Straßen verbrachten sie ihr Leben zwischen Rom und Nijmwegen, zwischen Burgund und Lothringen, den östlichen Marken an der slawischen und den nördlichen an der dänischen Grenze. Selten verweilten sie länger als einige Wochen oder Monate an einem Ort. Oft dauerten ihre Aufenthalte in den königlichen Pfalzen, die wie ein dichtes Netz das gesamte Reichsgebiet überzogen, nur wenige Tage.

Als Mitregentinnen ihrer kaiserlichen Gatten und als selbstständige Herrscherinnen im Regierungsamt für ihre minderjährigen Söhne nahmen sie Einfluss auf politische Entscheidungen und trugen Verantwortung für ein Imperium, das weit über die Grenzen des heutigen Deutschlands hinausreichte. Nie wieder in der deutschen Geschichte haben Frauen auch nur annähernd eine solch überragende Stellung an der Spitze eines Weltreiches eingenommen.

Als der Sachsenherzog Heinrich im Mai 919 zum deutschen König gewählt wurde, war er bereits seit zehn Jahren in zweiter Ehe mit Mathilde verheiratet, einer Ururenkelin des sagenhaften Herzogs Widukind. Heinrich hatte sich die Braut, „für die er wegen ihrer Schönheit und ihrer Besitzungen entbrannte", wie der Chronist Thietmar von Merseburg berichtet, aus Herford geholt. Sie war im dortigen Stift, das von ihrer Großmutter geleitet wurde, erzogen worden.

Die reiche Erbin ausgedehnter Ländereien in Engern und Westfalen war Heinrich 909 auf der Pfalz Wallhausen angetraut worden. Das älteste der fünf Kinder aus dieser Ehe war der 912 geborene Sohn Otto, der spätere Kaiser Otto I.

929 wurde in Quedlinburg die glanzvolle Hochzeit des siebzehnjährigen Königssohns mir der Tochter des angelsächsischen Königs Aethelstan von Wessex gefeiert. Von den beiden zur Brautschau angereisten Schwestern Edgith (Editha) und Edgiva entschied man sich für die Erstere. Heinrich I. hatte wohl ganz bewusst keine Schwiegertochter aus dem einheimischen Adel

vorgesehen, sondern eine Vertreterin aus königlichem Geschlecht. Aus der Ehe des jungen Paares gingen zwei Kinder hervor – Ludolf, der aber schon vor seinem Vater starb, und Ludgard. Bereits 941 schloss auch Editha für immer die Augen und wurde im Vorgängerbau des Magdeburger Domes beigesetzt. Dort stieß man bei Restaurierungsarbeiten auf einen Bleisarg, der ihre Gebeine enthält.

Nachdem Heinrich am 2. Juli 936 in Memleben einem Schlaganfall erlegen war, wurde sein Leichnam nach Quedlinburg überführt und in der Kapelle seiner Lieblingspfalz beigesetzt.

Mit der Einrichtung eines privilegierten Frauenstifts an der Grabstätte ihres Gemahls schuf die Königinwitwe einen wichtigen Familienmittelpunkt des Herrscherhauses. Er sollte in den folgenden Jahrzehnten eine Bedeutung erlangen, die weit über diesen Anspruch hinausreichte.

Hier in Quedlinburg nahm sich die Königin auch der Erziehung ihrer gleichnamigen Enkelin an. Mit elf Jahren wurde Mathilde in ihr Amt als erste Äbtissin des Stiftes eingeführt. Zwei Jahre später, nach dem Tod der Großmutter, trug die Tochter Kaiser Ottos I. und seiner zweiten Gemahlin Adelheid allein die Verantwortung für die hoch angebundene Einrichtung. Chronisten rühmten Mathildes Klugheit und Tatkraft. Als Bauherrin einer neuen, größeren Stiftskirche sowie als Beraterin und Reichsverweserin für ihren Neffen Otto III. stellte sie ihre außergewöhnlichen Fähigkeiten unter Beweis. Zwei Jahre lang führte sie für ihn die Regierungsgeschäfte. 986 gründete sie zum Gedenken an ihren verstorbenen Bruder Kaiser Otto II. das Marienkloster auf dem Münzenberg.

Mit ihrer Schwägerin, Kaiserin Theophanu, verband Mathilde zeitlebens ein enges freundschaftliches Verhältnis. Theophanu, die Prinzessin aus dem fernen Byzanz, besaß das gleiche staatsmännische Format wie die ottonische Kaiserstochter, vielleicht sogar ein größeres. Mit zwölf Jahren war sie in Rom mit Otto II. verheiratet worden. Am gleichen Tag fand die Kaiserkrönung des jungen Paares statt. Die Braut war nicht die „Purpurgeborene", die Kaiserstochter, die Otto I. sich für seinen Sohn erbeten hatte, wohl aber eine im byzantinischen Kaiserpalast erzogene Nichte des Herrschers. Damit garantierte sie Anerkennung und politisches Wohlverhalten zwischen dem Ost- und dem Westreich.

Ostern 973 betrat die junge Kaiserin zum ersten Mal die Pfalz und das von ihrer Schwägerin geleitete Stift in Quedlin-

Kapitelle mit Tiermotiven (oben Adlerkapitell, unten Schlangen) aus der Stiftskirche

rechts: Die Elfenbeintafel auf dem Buchdeckel des Otto-Adelheid-Evangeliars stammt vermutlich aus dem Brautschatz der Kaiserin Theophanu.

burg, einen Ort, an den sie noch oft zurückkehren sollte. 980 schenkte sie vermutlich einem Zwillingspärchen das Leben, nachdem bereits vorher drei Töchter geboren worden waren – Adelheid (später Äbtissin in Quedlinburg), Sophia und Mathilde. Von den Zwillingen blieb nur der Thronfolger Otto III. am Leben.

Für ihn führte die früh verwitwete Theophanu mit großem diplomatischen Geschick die Regierungsgeschäfte. Auf einer Romreise bereitete sie seine Kaiserkrönung vor und urkundete dort sogar als „Theophanus Imperator", also in der männlichen Form. Nach ihrem Tod 991 – sie wurde nur 31 Jahre alt – übernahm ihre Schwiegermutter, Kaiserwitwe Adelheid, die Regierung für den inzwischen elfjährigen Enkel.

Als „Mutter der Königreiche" ging die Tochter Rudolfs II. von Burgund in die Geschichte ein. Ihr Leben verlief geradezu abenteuerlich. Mit 16 Jahren heiratete sie König Lothar und wurde Herrscherin von Oberitalien. Aber schon nach drei Ehejahren starb ihr Mann. In den einsetzenden Kämpfen um den Thron ließ Markgraf Berengar Adelheid gefangensetzen. Ihr Chronist Odilo von Cluny berichtete darüber:

Von diesem (Berengar) wurde sie schamloserweise unschuldig gefangen, durch vielfache Quälereien geängstigt, oft mit Faustschlägen und Fußtritten misshandelt, ihres Haarschmucks beraubt und am Ende mit einer einzigen Dienerin in einem dunklen Keller eingeschlossen.

Nach einer abenteuerlichen Flucht heiratete sie im Dezember 951 den 19 Jahre älteren Otto I. Sie brachte ihrem Gemahl Ansprüche auf Oberitalien und das Erbe der Karolinger mit in die Ehe – eine wichtige Voraussetzung auf dem Weg zur Kaiserwürde.

Von den Kindern aus dieser Verbindung blieben nur Otto II. und seine Schwester Mathilde (später Äbtissin zu Quedlinburg) am Leben. Ihrem Sohn war Adelheid bis 978 engste Beraterin. Nach dem Tod ihrer Schwiegertochter Theophanu wurde ihr bis zur Mündigsprechung und Kaiserkrönung Ottos III. 994 die Regentschaft übertragen. Quedlinburg gehörte neben ihrem Palast in Pavia sowie den Klöstern Peterlingen und Selz im Elsass zu ihren beliebtesten Aufenthaltsorten.

Kindesentführung
im Kaiserhaus

Im Dezember 983 starb Kaiser Otto II. im Alter von 28 Jahren
in Rom an Malaria. Im Petersdom fand er seine letzte Ruhestätte. Als wenige Tage später sein dreijähriger Sohn in Aachen
zum König gekrönt wurde, war die Nachricht vom Tod des Vaters
noch gar nicht bis dorthin gedrungen.

Die 23-jährige Witwe Theophanu trat sofort die Rückreise
an. In Pavia traf sie ihre Schwiegermutter Adelheid, die sie nach

Kapitell aus einem Vorgängerbau der Stiftskirche

Deutschland begleitete. Hier hatte sich inzwischen eine bedrohliche Situation entwickelt. Herzog Heinrich von Bayern, „der Zänker" genannt, hatte den kleinen Otto in seine Gewalt gebracht und ließ sich in Quedlinburg zum König ausrufen. Die junge Kaiserinwitwe hatte ihre erste große Entscheidungsprobe zu bestehen.

Mit Unterstützung des Erzbischofs Wiligis konnte sie sich durchsetzen. Auf dem Reichstag in Rohr (bei Meiningen) musste Heinrich ihr das Kind zurückgeben. Zusammen mit Adelheid und der Äbtissin Mathilde brachte sie ihren Sohn nach Quedlinburg in Sicherheit. Großmutter, Mutter und Tante – neben der Königin Mathilde die drei bedeutendsten Frauengestalten des ottonischen Kaiserhauses – haben eine bestimmende Rolle im Leben Ottos III. gespielt.

Besonders Theophanu gebührte das Verdienst, das Reich für ihren Sohn erhalten zu haben. Dieser Gedanke war Leitlinie ihres gesamten Tuns und Wirkens. Immer und in jedem Fall ging für sie Reichsinteresse über familiäre Rücksichten. Das führte u. a. auch zu Spannungen zwischen ihr und ihrer Schwiegermutter.

Ostern 986 weilte Theophanu wieder in Quedlinburg und ließ während einer glänzenden Hofversammlung dem kleinen Otto durch die Großen des Reiches huldigen. Schon sechs Jahre später, kaum 31 Jahre alt, ist sie in Nijmwegen gestorben.

Ihre Schwägerin Mathilde und ihre Schwiegermutter Adelheid sind ihr 999 gefolgt. Die Ära des ottonischen Kaisertums ging ihrem Ende entgegen. 1024 dann wurde der letzte Herrscher des sächsischen Kaiserhauses zu Grabe getragen. Das 10. Jahrhundert, das so bedeutend war für das Entstehen eines deutschen und vieler anderer europäischer Staaten, war auch das Zeitalter starker Frauen.

Congregatio sanctimonialium

Leben zwischen Krone und Schleier

Das Stiftswappen zeigt zwei gekreuzte Kredenzmesser auf rotem Grund.

vorige Seite: Tierfries an der Westempore der Stiftskirche

rechts: Detail aus der Darstellung der biblischen Geschichte von Susanna und dem Richter Daniel (Deckenmalerei in der Krypta der Stiftskirche)

Das Servatiusreliquiar aus dem Domschatz

Die Quedlinburger Geschichte ist wie kaum in einer anderen Stadt über Jahrhunderte von Frauen geprägt worden. Begonnen hatte alles mit der Gründung einer „Congregatio sanctimonialium", einer Vereinigung gottgeweihter Jungfrauen, durch die Königin Mathilde 936.

Am 2. Juli dieses Jahres war ihr Mann, König Heinrich I., gestorben und in der Kirche seiner Lieblingspfalz auf dem Schlossberg beigesetzt worden.

Von seiner Gründung an nahm das Quedlinburger Stift aufgrund seiner Nähe zum liudolfingisch-ottonischen Königshaus eine herausragende Stellung im Kreis der frühen deutschen Frauenkonvente ein. Es war in den ersten Jahrhunderten seines Bestehens keineswegs nur eine Versorgungsstätte überzähliger Töchter aus Herrscherfamilien der sächsischen und thüringischen Lande, sondern von der Stifterin vor allem als Ort der Memoria, das heißt der Seelenfürsorge für den toten König und seine Familie, gedacht. Die regelmäßigen Fürbittgebete aus dem Mund gottgeweihter Jungfrauen galten als besonders wirksam. Den Menschen des Mittelalters, besonders dem Adel, war diese

Säule im Untergeschoss des Palas

Vorsorge für die Seele der verstorbenen und auch der lebenden Familienmitglieder ein wichtiges Anliegen.

Die Königin selbst übernahm die Leitung des vornehmen Quedlinburger Frauenstiftes, dessen Bedeutung bald die ältere liudolfingische Familienstiftung in Gandersheim überstrahlte.

Mathilde hatte mit 13 Jahren in der Pfalz Wallhausen den 20 Jahre älteren sächsischen Stammesherzog Heinrich geheiratet. Für ihren Mann war das bereits die zweite Ehe. Die erste mit der Tochter des Grafen Erwin von Merseburg hatte er annullieren lassen. Mathilde brachte nicht nur reiche Besitzungen mit, sondern wohl auch eine erhebliche Aufbesserung des Images für ihren Mann. Als Nachkommin des berühmten Sachsenherzogs Widukind gehörte sie einer der angesehensten Adelsfamilien an. 929 hatte ihr königlicher Gemahl ihr neben anderen Besitzungen auch Quedlinburg als Witwengut übereignet – eine wichtige Voraussetzung für die Stiftsgründung.

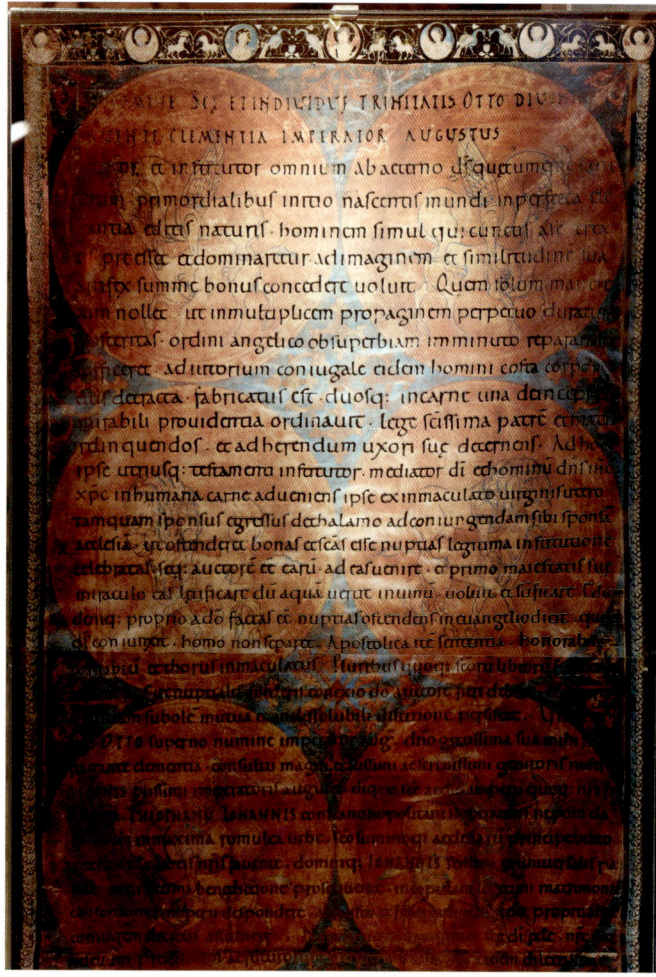

Die auf Purpur geschriebene Heiratsurkunde der Kaiserin Theophanu. Das Original befindet sich in Wolfenbüttel. (Ausstellung im Schlossmuseum Quedlinburg)

Nachdem die Königinwitwe Mathilde die Leitung des neu gegründeten reichsunmittelbaren Frauenstiftes übernommen hatte, begann schon bald eine bauliche Erweiterung der ursprünglichen Pfalzkapelle, in der sich die Grablege ihres Mannes befand. Vor seiner Begräbnisstätte entstand die heute noch bzw. wieder sichtbare Confessio, ein hufeisenförmiger Andachtsraum. Vielleicht befanden sich dort auch die sterblichen Überreste des von der Königin besonders verehrten Bischofs Servatius. Otto I. soll sie auf Bitten seiner Mutter nach Quedlinburg überführt haben. Später sollen sie angeblich von Maastrichter Mönchen in einer Nacht- und Nebelaktion zurückgeholt worden sein.

Am Ostersonntag, dem 15. April des Jahres 966, übergab die Königin Mathilde nach 30 Jahren die Leitung des Quedlinburger Stiftes an ihre gleichnamige Enkelin. Die elfjährige Tochter Ottos I. und seiner zweiten Gemahlin Adelheid wurde in Anwesenheit der kaiserlichen Familie, aller Großen des Reiches und sämtlicher Erzbischöfe und Bischöfe zur ersten Äbtissin geweiht. Die großartige Inszenierung dieses Ereignisses unterstreicht seine außergewöhnliche Bedeutung. Hier wird nicht eine beliebige Äbtissin, sondern eine Angehörige des Herrscherhauses in ihr Amt eingeführt.

Stuckrest aus der Confessio der Stiftskirche

Zwei Jahre später, kurz vor ihrem Tod, übergab die Königin der jungen Äbtissin Mathilde das Computarium mit den Namen der hochrangigen Verstorbenen, für die regelmäßig gebetet werden sollte. Damit übertrug sie ihr die so wichtige Memoria. Am 14. März 968 starb die Königin und wurde neben ihrem Gemahl beigesetzt.

Äbtissin Mathilde, bereits seit 966 im Amt, entwickelte sich zu einer der herausragendsten Frauenpersönlichkeiten ihrer Zeit. Von 977 bis zu ihrem Tod 999 vertrat sie als Reichsverweserin ihren Neffen Otto III. in der Reichsregierung und führte ihr Stift zu hohem Ansehen. Seine Bewohnerinnen, Töchter des hohen und höchsten Adels, führten keineswegs ein weltabgeschiedenes Klosterleben. Neben der Pflege der Memoria hatten sie entsprechend der Hochrangigkeit durch die Bindung an das ottonische Kaiserhaus umfangreiche repräsentative Pflichten zu erfüllen. Bis ins 12. Jahrhundert hinein musste fast jährlich ein großer Hoftag ausgerichtet werden. Die Chroniken verzeichnen für diesen Zeitraum 69 Besuche von deutschen Königen und Kaisern in Quedlinburg. Die Herrscher, die noch über keine feste Residenz verfügten, waren auf das Netz von Pfalzen, Klöstern und Stiften angewiesen, wo sie mit ihrem bis zu 1000 Menschen umfassenden Gefolge Station machen konnten.

Das Untergeschoss des kaiserlichen Palas an der Westseite des Schlossberges gehört zu den wenigen erhalten gebliebenen Profanbauten aus der Zeit um 1000.

Die Einrichtung eines solchen Hoflagers war eine logistische Meisterleistung. Sie erforderte ein entsprechendes wirtschaftliches Potenzial und Organisationstalent. Für die Durchführung der Reichstage, den Empfang von Gesandtschaften, die Festkrönungen und Festgottesdienste musste man gut vorbereitet sein und auch über das der Würde der Versammlung angemessene Inventar verfügen. Dazu gehörten auch viele der kostbaren liturgischen Geräte aus dem Quedlinburger Domschatz. Der sogenannte Kamm Heinrichs I. spielte beispielsweise eine Rolle beim Krönungsritual. Die notwendigen Wirtschafts- und Versorgungseinrichtungen, die auf dem engen Plateau des Schlossberges keinen Platz fanden, sind unterhalb des Sandsteinfelsens bis hin zum südwestlich im Tal gelegenen Königshof und späteren Kanonikerstift St. Wiperti zu suchen.

Sowohl wirtschaftlich als auch rechtlich war das Quedlinburger Frauenstift auf sichere Füße gestellt worden. Um 1200 gehörte es zu den größten Grundbesitzern im Reich. Juristisch genoss es Immunität, das heißt, es war freigestellt von der Gerichtsbarkeit des zuständigen Gaugrafen und von der Einflussnahme des Halberstädter Bischofs. Es stand unter dem Schutz des Kaisers und durfte seine Äbtissinnen frei wählen. Diese hatten den Rang einer Reichsfürstin und waren Landesherrinnen über den Stiftsbezirk, zu dem auch die Stadt Quedlinburg gehörte.

Über die innere Verfassung der Einrichtung ist kaum etwas bekannt. Vermutlich orientierte sie sich an der für fast alle frühen Frauenstifte geltenden „Institutio sanctimonialium", einem Regelwerk, das 816 von Kaiser Ludwig dem Frommen erlassen worden war.

Die Quedlinburger Kanonissen gehörten keinem Ordensverband an und genossen gewisse Freizügigkeit. Sie durften Reisen unternehmen, Familienbesuche machen, sogar heiraten war möglich. Die leitenden Damen des Stiftkapitels führten einen eigenen Haushalt mit eigener Dienerschaft.

Ebenso wenig wie über die Regeln des Zusammenlebens wissen wir über die baulichen Anlagen des Stiftes in früher Zeit. Ergraben sind die Vorgängerbauten der heutigen Stiftskirche. Aber viele Fragen, besonders in Bezug auf die Wohnbauten, bleiben nach wie vor offen. Hat es einen Kreuzgang gegeben und wo lag er? Wie sahen die Wohn- und Wirtschaftsgebäude aus?

Ein besonderer Glücksfall sind in diesem Zusammenhang die Kellergewölbe unter dem heutigen Schlossmuseum im Westteil

der Anlage. Nachdem frühere Historiker sie als „Westkrypta"
definierten, steht heute fest, dass es sich bei diesen Räumen aus
dem 10. Jahrhundert um den Unterbau des Palas, des Haupt-
wohngebäudes der Pfalz handelt, also um einem Profanbau.
Eine solch authentische Wohnstätte aus ottonischer Zeit besitzt
nicht nur Seltenheitswert, sondern ist eine echte Rarität. Reste
einer im Südwesten gefundenen Fußbodenheizung deuten auf
einen gehobenen Wohnkomfort hin. Während der Regierungszeit der Äbtissin Mathilde (966–999) setzte eine rege Bautätigkeit zum Aus- und Neubau einer größeren Stiftskirche ein.

Vergoldeter Kelch
des 13. Jahr-
hunderts aus
dem Besitz des
Marienklosters
auf dem Mün-
zenberg

Blick in die Confessio hinter den Königsgräbern in der Krypta der Stiftskirche

Mit der Verleihung des Markt-, Münz- und Zollrechts durch Otto III. an „seine teure Tante Mathilde" wurde der Grundstein für die Entstehung einer Kaufmannssiedlung zu Füßen des Stiftes gelegt. Aus ihr entwickelte sich rings um die Marktkirche die Quedlinburger Altstadt.

Auch nach dem Tod Mathildes – sie wurde zu Häupten ihrer Großeltern in der Krypta der Stiftskirche begraben – blieb die Leitung des Frauenstiftes in kaiserlichen Händen. Nachfolgerin im Äbtissinnenamt wurde Mathildes Nichte Adelheid. Sie war die älteste Tochter Kaiser Ottos II. und seiner byzantinischen Gemahlin Theophanu. Ebenso wie ihre Schwester Sophia, die das Stift in Gandersheim leitete, gelangte Adelheid zu ungewöhnlicher Machtfülle. Jede der beiden Ottonentöchter stand in Personalunion gleich mehreren Frauenkonventen vor – und zwar den bedeutendsten des Reiches. Adelheid war Äbtissin in Quedlinburg, Gernrode, Frose, Vreden und nach dem Tod ihrer Schwester auch von Gandersheim. Sophia übte dieses Amt neben Gandersheim auch in Essen aus.

Als Adelheid I. 1045 für immer die Augen schließt, stirbt mit ihr die letzte Vertreterin des ottonischen Kaiserhauses an der Spitze des Quedlinburger Frauenstiftes. Damit geht eine mehr

Detail aus der Darstellung der Salomo-Geschichte (Deckenmalerei in der Krypta der Stiftskirche)

als hundertjährige glanzvolle Geschichtsepoche zu Ende, in der die Quitilingaburg auf dem Schlossberg einen zentralen Punkt in der Reichspolitik bildete. Zwar schickten auch die Salierkaiser als Nachfolger der Ottonen noch ihre Töchter in das Quedlinburger Stift, aber der Glanz begann allmählich zu verblassen. Trotzdem erfüllte die hochrangige Einrichtung neben der Pflege der Memoria auch weiterhin seine wichtige Bildungsfunktion.

In dieser frühen Zeit war Bildung in den Kreisen des Adels vor allem Sache der Frauen. Von den Kanonissen verlangte man nicht nur, dass sie die lateinischen Texte für die Liturgie im Gottesdienst lesen konnten, sie mussten sie auch verstehen. Da die Quedlinburger Äbtissin als Landesfürstin und im Falle Mathildes als Reichsverweserin in wichtigen Angelegenheiten der Regierung mitwirkte und ebenso wie die übrigen Stiftsdamen Funktionen im gesellschaftlichen Leben zu erfüllen hatte, waren politische und theologische Kenntnisse wichtige Voraussetzungen.

Ein breites Feld bot den Kanonissen die künstlerische Ausbildung und Betätigung. Dazu gehörten das Abschreiben religiöser Texte und ihre reiche Illustration, hochwertige Arbeiten in der Textilkunst, wie das Weben, Sticken oder Wirken von Teppichen und Posamenten zur Ausschmückung der sakralen Räume, sowie die Herstellung und Ausschmückung von Messgewändern.

Kapitell mit Volutenschmuck aus der Krypta der Stiftskirche

Im Quedlinburger Domschatz befinden sich fünf Teilstücke eines Knüpfteppichs, den Äbtissin Agnes II. (1184–1203) für den hohen Chor der Stiftskirche anfertigen ließ. Er ist der älteste erhaltene Knüpfteppich Europas und, betrachtet man seine thematische Gestaltung, ein Ausdruck des hohen Bildungsstandes seiner Auftraggeberin. Für das Bildprogramm wurde ein antiker Text gewählt. Er ist einer um 470 entstandenen Schrift des Martianus Capella entnommen.

Dargestellt ist die Hochzeit des Merkur mit der Philologie. Agnes ließ diese Gestaltung durch ein damals brandaktuelles Thema erweitern. In einer Zeit der Auseinandersetzung zwischen Papsttum und Kaisertum, die im Investiturstreit ihren Ausdruck findet, umarmen sich regnum und sacerdotium – weltliche und geistliche Macht. Dieses Bild ist ein Ausdruck der Friedenssehnsucht, zeigt aber auch, dass Äbtissin und Stiftskonvent nach wie vor in übergeordneten, reichspolitischen Zusammenhängen denken, obwohl nach dem Aussterben des ottonischen Kaiserhauses im Jahr 1024 Quedlinburg seine zentrale Rolle in der Reichspolitik verloren hatte.

Äbtissin Anna II. von Stolberg (Gemälde im Schlossmuseum)

Äbtissin Agnes II. verdankt das Quedlinburger Stift neben dem berühmten Knüpfteppich noch viele andere Kunstwerke. Dazu gehören die Deckenmalereien in der Krypta der Stiftskirche ebenso wie die Neufassung des Servatiusreliquiars im Domschatz. Die Tochter Markgraf Konrads des Großen von der Ostmark und Meißen war nach ihrer Erziehung im Familienkloster der Wettiner in Gerbstädt seit 1184 Äbtissin in Quedlinburg. Eine Chronik berichtet über sie: „Sie ist nimmer müßig gewesen, sondern stets, wo sie nicht zu Chor gewesen, entweder geschrieben oder gelesen oder sonst etwas mit ihren tätigen Händen gearbeitet, dazu sie auch ihre Jungfrauen (Stiftsdamen) angehalten, dass sie nicht müßig gehen oder ihr Brot mit Faulheit äßen."

Die erste große Etappe des Quedlinburger Frauenstiftes geht bereits im Mittelalter zu Ende. Die Äbtissinnen und ihr Konvent geraten zunehmend ins Spannungsfeld territorialer Macht-kämpfe. Sie müssen sich immer wieder gegen Versuche – teils

Äbtissin Anna Amalia, Prinzessin von Preußen (Gemälde im Schlossmuseum)

Prinzessin Sophie Albertine, die letzte Äbtissin (Gemälde im Schlossmuseum)

ihrer eigenen Schutzherren – verteidigen, die ihre Positionen zu schwächen versuchten.

1539 führt Äbtissin Anna II. von Stolberg für Stift und Stadt Quedlinburg die Reformation ein. Sie lässt auch im ehemaligen Franziskanerkloster in der Schulstraße die erste Lateinschule – das spätere Gymnasium – einrichten.

Anna war eine Tochter des Grafen Botho III. (des Glückseligen) von Stolberg-Wernigerode und eine Schwester der berühmten Gräfin Juliane, der Stammmutter des Hauses Oranien. Sie wurde bereits mit zwölf Jahren in ihr Amt als Äbtissin eingeführt und hat es lange (bis 1574) klug, energisch und mit staatsmännischem Geschick geführt. Sie schreckte auch nicht davor zurück, unbotmäßige Ratsherren einsperren zu lassen. 38 auf einen Streich – berichten die Chroniken.

Vom Beginn der Neuzeit bis zu seiner Auflösung durch den Reichsdeputationshauptschluss 1802 blieb Quedlinburg neben Herford und Gandersheim eines der bekanntesten adligen Frauenstifte. Aus dem ehemals kaiserlichen Familienkonvent war ein standesgemäßer Aufenthaltsort für unverheiratete Vertreterinnen aus Adelshäusern mit schwindender wirtschaftlicher und politischer Macht geworden.

Von den 39 Äbtissinnen, die im Verlauf der fast 900-jährigen Geschichte hier regierten, haben einige historische Bedeutung erlangt, andere sind vergessen. Bezeichnend ist aber, dass die lange Reihe der Regentinnen mit Kaiser- und Königstöchtern beginnt und auch endet. Die beiden letzten Äbtissinnen kamen aus dem preußischen bzw. dem schwedischen Königshaus. Anna Amalia war eine Schwester Friedrichs II. und ihre Nichte Sophie Albertine eine Tochter der schwedischen Königin Ulrike.

Das alles täuscht aber nicht darüber hinweg, dass das Frauenregiment auf dem Schlossberg im 18. Jahrhundert mehr und mehr in der Bedeutungslosigkeit versank.

In einem Brief des aus Quedlinburg stammenden Pädagogen und Begründers des Schulturnens Johann Christoph Friedrich GutsMuths vom 31. Oktober 1785 an die Mutter seines Schülers Carl Ritter heißt es: „Quedlinburg stell ich mir vor wie einen großen Ballsaal, auf dem die Lichter verlöscht, die Musik verstummt und die Personen verschwunden sind."

Schlossberg, Wipertikirche, Münzenberg

Um den Schlossberg mit der Stiftskirche und den Wohngebäu-den des Frauenstiftes drängen sich Schutz suchend die kleinen Fachwerkhäuschen. Kaum zwei Meter breit ist das schmalbrüs-tigste in der Wassertorstraße Nr. 18. In den engen Gassen des Westendorfs, das bis zur Auflösung des Kaiserlichen Freiwelt-lichen Damenstiftes 1802 eine eigene Gemeinde bildete, lebten die Landarbeiter, Stiftsgärtner und -handwerker.

Stattlicher sieht es am weiträumigen Platz vor dem Schloss-aufgang aus, wo Stiftsgeistliche und -beamte ihr Zuhause hat-ten. Zu ihnen gehörte der Jurist und Stiftssekretarius Gottlieb Heinrich Klopstock. Sein berühmter Sohn Friedrich Gottlieb ging als Verfasser des „Messias" und zahlreicher Oden in die Litera-turgeschichte ein. Im Haus Schlossberg 12 mit dem dekorativen, von zwei Säulen getragenen Fachwerkerker wurde er am 2. Juli 1724 als ältestes von 18 Kindern der Familie Klopstock geboren. Das hier eingerichtete Memorialmuseum würdigt Leben und Werk des Dichters ebenso wie das Wirken weiterer

Der Schlossgarten präsentiert sich in barocker Pracht.

Idyllischer Winkel am Schlossberg

bedeutender Töchter und Söhne Quedlinburgs im 18. Jahrhundert. Dazu gehören die erste promovierte Ärztin Deutschlands, Dorothea Christiana Erxleben, der Turnpädagoge Johann Christoph Friedrich GutsMuths und der Geograf Carl Ritter.

Im Nebenhaus Schlossberg 11 führt ein breites Tor auf das ehemalige Abteigut des Stiftes. Seinen Namen „Kürassierhof" verdankt das Anwesen der späteren Nutzung als Kaserne eines Regiments der Seydlitz-Kürassiere. Heute befindet sich hier der Eingang zur Lyonel-Feininger-Galerie. Sie wurde 1986 für den größten geschlossenen Bestand an Werken des Bauhauskünstlers in Europa eingerichtet und 1996/97 durch einen Neubau erweitert.

Das Fachwerkhaus Schlossberg 9 zieht durch seine erst vor wenigen Jahren entdeckte farbige Fassadenmalerei die Blicke auf sich. Als Mustervorlage diente dem Künstler offensichtlich

Das Gebäude Schlossberg 9 gehört zu den wenigen Fachwerkhäusern mit barocker Fassadenmalerei.

eine Stuckdecke im Residenzbau des Schlosses. Eine Tafel erinnert an den 1756 hier geborenen Ludwig Giseke, Verfasser des „Beresinaliedes". Sein Vater, Nikolaus Dietrich Giseke, ein Freund Klopstocks, war zu dieser Zeit Oberhofprediger des Stiftes.

Über eine Treppe und holpriges Kopfsteinpflaster führt der Weg auf die Höhe des Schlossberges. Das imposanteste Gebäude des architektonisch reizvollen Ensembles ist die 1129 geweihte Stiftskirche St. Servatius. Sie gehört zu den bedeutendsten romanischen Bauten in Deutschland. Die dreischiffige Basilika mit nur wenig vorspringendem Querhaus zeigt in ihrer Bauplastik sowohl außen als auch innen starken lombardischen Einfluss. Der um 1320 veränderte Chor, unter dem die Krypta liegt, lässt nur von außen seine gotischen Formen erkennen. Im Inneren ist durch eine 1938 vorgesetzte Wand versucht worden, den romanischen Gesamteindruck wiederherzustellen. Das Turmpaar entstand im Zuge umfassender Restaurierungsmaßnahmen des 19. Jahrhunderts. Nach Beschädigungen durch amerikanischen Artilleriebeschuss im April 1945 erhielten die Türme die heutigen niedrigen Zeltdächer.

Der Innenraum des Langhauses wird durch Säulen und Pfeiler im Niedersächsischen Stützenwechsel (zwei Säulen wechseln mit einem Pfeiler) gegliedert. Arkadenbögen öffnen den Raum zu den Seitenschiffen und zur Westempore, dem Sitz der kaiserlichen Familie.

Der Hohe Chor ist über zwei Treppen zu erreichen, zwischen denen eine Türöffnung in die Krypta mit den Königsgräbern Heinrichs I. und seiner Frau Mathilde führt. Zu Häupten des Herrscherpaares ruht die Enkelin Mathilde, die erste und wohl bedeutendste Äbtissin des Stiftes. Figürliche Grabplatten ihrer Nachfolgerinnen stehen an der Südwand des Raumes. Die Deckenmalereien zeigen die biblische Geschichte der Susanna und das Urteil König Salomos, der zwischen zwei Frauen entscheiden muss, die um ein Kind streiten.

Vom Hohen Chor aus betritt man die in den Querhausarmen untergebrachten Schatzkammern. Die nördliche, der sogenannte Zitter, enthält die älteren Stücke der kostbaren Sammlung, die südliche die jüngeren. Seit 1993 ist der Kirchenschatz wieder komplett, nachdem die 1945 von einem amerikanischen Leutnant entwendeten Teile aus Texas zurückgekehrt sind. Die Flakons aus schimmerndem Bergkristall, die Kästchen und Schreine in Silbertreibarbeit, mit Goldfiligran, Perlen und Edelsteinen geschmückt und mit Elfenbeinschnitzereien belegt, enthalten Reliquien von Heiligen und Märtyrern. Es waren meist

Holpriges Kopfsteinpflaster führt auf die Höhe des Schlossberges.

Der Blaue Saal ist der größte der Repräsentationsräume im Schloss.

Geschenke des Herrscherhauses an sein Familienstift. Sie verliehen hohes Ansehen und Gewicht.

Zum Domschatz gehört auch der älteste erhaltene Knüpfteppich Europas. Um 1200 ließ Äbtissin Agnes II. ihn für den Hohen Chor der Stiftskirche anfertigen. Fünf Teilstücke des ursprünglich 7,40 x 5,90 Meter großen Bildteppichs mit der Darstellung der Hochzeit des Merkur mit der Philologie sind erhalten geblieben.

Der Thronsaal im Schlossmuseum vermittelt einen Eindruck vom Leben im Damenstift.

Von der Schlossterrasse aus schweift der Blick über die Dächer der Altstadt.

Die Wipertikirche ist von der Straße aus kaum sichtbar.

Die Wohngebäude des Stifts sind im Gegensatz zur Kirche im Lauf der Jahrhunderte oft umgebaut und verändert worden. Sie zeigen neben romanischen und gotischen Resten in den Kellergewölben vor allem Formen der Renaissance und des Barock. Im ehemaligen Residenzbau, der Dechanei und der Neuen Abtei befindet sich heute das Schlossmuseum. Neben Stadt- und Stiftsgeschichte sind in der oberen Etage die Empfangs- und Gesellschaftsräume des Damenstifts mit schönen Stuckdecken und Parkettfußböden zu besichtigen. Stilmöbel aus dem 17. bis 19. Jahrhundert, Seidentapeten und Porträts der Äbtissinnen geben ihnen ein besonderes Flair.

Von der barocken Gartenanlage aus öffnet sich der Blick auf die Dächer der Stadt im Norden und die nahen Harzberge im Süden. An der Südwestseite, wo die Sandsteinfelsen sich bis in die Straße schieben, lag der ursprüngliche Aufgang. Er verband die Anlage auf dem Schlossberg mit dem Königshof im Tal. Hier steht die tausendjährige Wipertikrypta, heute umgeben von einem Friedhof mit terrassenförmig angeordneten barocken Grabkammern. Schon im 10. Jahrhundert bestand hier ein Chorherrenstift, das 1148 vom Prämonstratenserorden übernommen wurde. Nach der Einführung der Reformation wurde Wiperti evangelische Pfarrkirche und ab 1816 Scheune. Erst ab 1959 konnte der Bau nach mehrjährigen Instandsetzungsarbeiten wieder als katholisches Gotteshaus genutzt werden.

Blick in die tausendjährige Wiperti-krypta. Die Nischen an der Rückwand waren vermutlich zur Aufstellung von Reliquienbehältern bestimmt.

rechts: Seltene ottonische Pilzkapitelle prägen den Raum. Der Pfeiler mit dem auf dem Kopf stehenden Kreuz und den mühlenbrettartigen Einritzungen am unteren Ende ist eine der zahlreichen beim Bau verwendeten Spolien.

Der spätgotische Flügelaltar im nörd-lichen Seitenschiff stammt aus der Quedlinburger Ägidiikirche.

Die Wipertikirche ist eine dreischiffige, querhauslose Basi-lika. Die Türme sind nicht mehr erhalten. Das Mittelschiff zeigt romanische Formen, Seitenschiffe und Ostteil des Chores sind gotisch verändert worden. Die unter dem Chor erhaltene Um-gangskrypta ist um 1000 in eine von den Chorherren 950 errich-tete Kirche eingefügt worden und blieb durch den Neubau des 12. Jahrhunderts unberührt. Sie zeigt architektonisch sehr in-teressante Formen. Dazu gehören die ottonischen Pilzkapitelle und viele Spolien (ältere Bauteile, die wiederverwendet wurden). In die Wand des südlichen Seitenschiffs der Oberkirche wurde 1956 ein romanisches Marienportal eingebaut, das von der eins-tigen Klosterkirche auf dem Münzenberg stammt.

In den kleinen Fachwerkhäuschen auf dem Münzenberg verbergen sich die Reste der einstigen Marienkirche.

links: Detail aus dem Flügelaltar in der Wipertikirche – die Anbetung des Christuskindes

Auf dieser nahegelegenen Anhöhe dem Schlossberg direkt gegenüber stiftete 986 Äbtissin Mathilde für das Seelenheil ihres früh verstorbenen Bruders, Kaiser Otto II., das Marienkloster. Die Reste der Klosterkirche und der Wirtschaftsanlagen (alter Küchenschornstein) verschwanden im Gewirr winziger Fachwerkhäuschen. Sie machen den Münzenberg zu einem der malerischsten Stadtteile von Quedlinburg.

Über diesem Gewölbe erhob sich ein Glockenturm aus dem 13. Jahrhundert.

Das Rathaus
Ausdruck des Bürgerstolzes

Der Sachsenherzog Heinrich erhält am Finkenherd die Königskrone. (Detail des farbigen Glasfensters im Stadtverordnetensitzungssaal)

Das historische Ratssitzungszimmer wird heute noch für Dienstberatungen genutzt.

Am 23. November 994 verlieh Otto III. auf Bitten seiner teuren Tante Mathilde – wie es in der Urkunde heißt – dem Kaiserlichen Freiweltlichen Damenstift auf dem Schlossberg, dessen erste Äbtissin sie war, das Markt-, Münz- und Zollrecht. Nördlich des Stiftes und der Pfalz, am Schnittpunkt wichtiger Handelsstraßen, entstand im Bereich zwischen Kornmarkt, Breiter Straße, Marktstraße und dem heutigen Rathaus eine Kaufmannssiedlung. Sie entwickelte sich sehr rasch zu einem gut funktionierenden Gemeinwesen mit eigener Verwaltung. Deren Amtssitz befand sich vermutlich zunächst am Kornmarkt im Mitteltrakt der heutigen Adler- und Ratsapotheke.

Da der kleine ottonische Markt bald aus allen Nähten platzte, war eine Erweiterung dringend nötig. Mit der Anlage des jetzigen Marktplatzes wurde die ursprüngliche erste Stadtbefestigung (murus forensis) durchbrochen. Sie konnte 1976 bei der Restaurierung des Kunsthokens in der Marktstraße nachgewiesen werden.

Der blinde Pfarrer Kirchhoff predigt den lutherischen Glauben und teilt das Abendmahl in beiderlei Gestalt aus. (Wandgemälde im Stadtverordnetensitzungssaal)

Hackkolonnen arbeiten auf den Blumenfeldern rings um die Stadt, im Hintergrund das Schloss. (Wandgemälde im Stadtverordnetensitzungssaal)

Noch in frühgotischer Zeit entstand ein neues Rathaus – das heutige – als massiver Sandsteinbau. Sowohl das Baumaterial als auch die für mittelalterliche Verhältnisse enorme Größe des Baukörpers verraten Wohlstand und Bürgerstolz der aufstrebenden Stadt. Urkundlich erwähnt wurde das Rathaus erstmalig 1310. Am 30. Dezember jenes Jahres überließ Mathilde, Äbtissin des Benediktinerinnenklosters auf dem Münzenberg, der Altstadt zwei Marktstände auf dem Benediktikirchhof hinter dem Domus consulum (Rathaus).

Über die Bauzeit geben dendrochronologische Untersuchungen am Dachstuhl des Gebäudes, die in jüngster Zeit durchgeführt worden sind, Auskunft. Danach wurden die dafür verwendeten Hölzer im Zeitraum zwischen 1275 und 1289 geschlagen. Sie tragen auch heute noch das steile Schieferdach.

Der frühgotische Bau ist im Kern bis in die Gegenwart erhalten geblieben. Das Ecktürmchen an der westlichen Ecke der Marktfront bildet den markantesten, von außen sichtbaren Überrest.

Im Zuge der Umbauten zwischen 1616 und 1619 ersetzte man die ursprünglichen spitzbogigen Fenster durch Renaissanceformen, verlegte den Eingang an die Marktseite und schmückte ihn mit einem prächtigen Portal, über dem die Abundantia, eine Göttin des Wohlstandes, thront. Darunter präsentiert sich auf goldenem Grund das Stadtwappen. Es zeigt den Hund Quedel in einem weit geöffneten Stadttor sitzend. Wer allerdings annimmt, dass der Stadtname auf diesen Vierbeiner zurückgeht, hat Unrecht, ganz auf den Hund gekommen waren die Quedlinburger auch dann nicht, wenn das Füllhorn ihrer Abundantia leer war. Der Ursprung des Namens geht vermutlich auf den thüringischen Edlen Quitilo zurück, der bereits vor etwa 1500 Jahren hier einen Adelssitz, die nach ihm benannte Quitilingaburg, besaß.

Ausritt der Quedlinburger Kürassiere, im Hintergrund die Türme der Nikolaikirche (Detail aus einem Wandgemälde im Stadtverordnetensitzungssaal)

rechts: Das große Glasfenster mit dem Stadt- und Stiftswappen schmückt den Treppenaufgang. Es wurde 1901 von der Quedlinburger Firma Ferdinand Müller hergestellt.

Blick auf den Marktplatz aus dem Rathaus

Links neben dem Eingangsportal zieht der steinerne Roland die Blicke auf sich. Mit einer Höhe von 2,75 m gehört er zu den Kleinsten seiner Zunft. Aufgestellt wurde er vermutlich bald nach dem 1426 erfolgten Beitritt der Stadt zur Hanse. Aber seine Anwesenheit auf dem Marktplatz sollte nicht lange dauern. Bereits 1477, während der Fehde der Stadt gegen Äbtissin Hedwig von Sachsen, wurde er gestürzt und erst 1869 wieder aufgestellt.

Am Ende des 19. Jahrhunderts war mit dem Wachstum der Stadt auch ihre Verwaltung so groß geworden, dass der mittelalterliche Bau, der ursprünglich nur aus der Halle im Erdgeschoss und dem sogenannten Bürgersaal im oberen Stockwerk bestand, nicht mehr ausreichte. Zwischen 1899 und 1901 wurden deshalb nach Plänen des Stadtbaumeisters Laumer zwei Flügel angebaut. Ihnen fiel die Scharrengasse mit dem prachtvollen Bäckergildehaus zum Opfer.

Im östlichen Seitenflügel befindet sich der Stadtverordnetensitzungssaal. Seine Inneneinrichtung stammt noch aus der Bauzeit. Bei einer Restaurierung 1974 sind lediglich die halbkreisförmig angeordneten Pulte und Sitze für die Vertreter des Stadtparlamentes entfernt worden. Die Wände schmücken Gemälde des Berliner Historienmalers Professor Otto Markus. Sie zeigen Szenen aus der Quedlinburger Stadtgeschichte. Auf dem großen Glasfenster an der Stirnseite ist die Übergabe der Königskrone an den Sachsenherzog Heinrich dargestellt. Sie soll der Überlieferung nach am Finkenherd beim Vogelfang stattgefunden haben.

Der Saal wird auch heute noch für die Sitzungen der Stadtverordneten benutzt, daneben aber auch für Konzerte, Vorträge und Empfänge. Auf Wunsch können Paare hier auch den Bund fürs Leben schließen.

Der Raubgraf

vorige Seite: Die kleine hölzerne Rund-
bogentür mit den schweren Eisenriegeln
bildete den Eingang zum sogenannten
Raubgrafenkasten.

Seinen wenig ehrenvollen Titel „Raubgraf" verdankt Graf
Albrecht II. von Regenstein wohl dem gleichnamigen Roman des
Quedlinburger Schriftstellers Julius Wolf. Der dichtete ihm auch
eine Liebesbeziehung zur Äbtissin Jutta von Kranichfeld an, die
zu dieser Zeit aber bereits eine Dame im gesetzteren Alter war.

In Wirklichkeit ist Albrechts Verhältnis zum Quedlinburger
Frauenstift weniger romantisch gewesen. Seine Familie übte seit
längerer Zeit die Schutzvogtei über das Stift aus und er war

Das Innere des aus dicken Holzbohlen
gezimmerten Gefängnisses

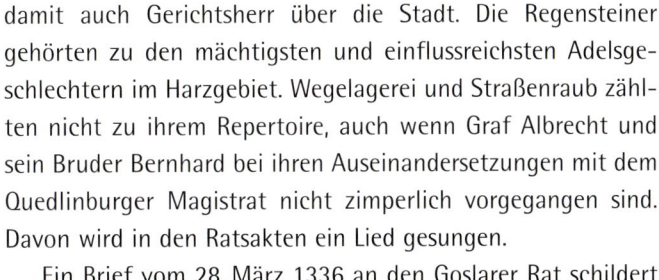

damit auch Gerichtsherr über die Stadt. Die Regensteiner gehörten zu den mächtigsten und einflussreichsten Adelsgeschlechtern im Harzgebiet. Wegelagerei und Straßenraub zählten nicht zu ihrem Repertoire, auch wenn Graf Albrecht und sein Bruder Bernhard bei ihren Auseinandersetzungen mit dem Quedlinburger Magistrat nicht zimperlich vorgegangen sind. Davon wird in den Ratsakten ein Lied gesungen.

Ein Brief vom 28. März 1336 an den Goslarer Rat schildert einen Überfall der Regensteiner auf der Quedlinburger Feldflur:

Indem kam das Kriegsvolk gezogen ... Sie fingen einen Teil unserer Leute und nahmen uns all unser Vieh aus beiden Städten (der Alt- und der Neustadt, die damals noch selbstständig waren), was auf der Weide war und mehr als 100 Pferde, fingen unsere Bürger, die ackerten und viele unseres Gesindes und verprügelten sie, haben sie übel misshandelt und ihrer etliche totgeschlagen.

Diese folgenschwere Überrumpelung war der Höhepunkt der jahrelangen Fehde zwischen den Quedlinburgern und dem sogenannten „Raubgrafen". Vorausgegangen waren immer wieder Streitigkeiten und Querelen.

Albrecht II. und seine Brüder gehörten zur jüngeren Heimburger Linie des Regensteiner Grafenhauses, die durch die Übernahme wichtiger Lehen zunehmend an Bedeutung gewonnen hatte. Die Heimburg auf einem steilen Bergkegel zwischen Blankenburg und Wernigerode war ihr Hauptsitz. Von ihr sind nur noch wenige Mauerreste erhalten.

Neben vielen anderen Besitzungen gehörte den Heimburgern auch die strategisch wichtige Lauenburg bei Stecklenberg. Graf Otto II. von Anhalt hatte bereits Albrechts Vater mit mehreren später wüst gewordenen Dörfern in der Quedlinburger Flur, der Gersdorfer Burg östlich der Stadt und dem Gericht auf dem Hosickenberg bei Ditfurt belehnt. Albrecht II. und seine Brüder, die an einem weiteren Machtzuwachs für ihr Haus interessiert waren, beobachteten darum mit Misstrauen die gleichgerichteten Aktivitäten des Halberstädter Bischofs Albrecht II.

Die offenen Feindseligkeiten begannen, als die mit ihrem Regensteiner Schutzvogt unzufriedenen Quedlinburger 1325 mit dem Bischof über ein Beistandsbündnis verhandelten. Albrecht II. beantwortete in der Folge einen Überfall der Regensteiner Grafen auf Halberstädter Gebiet mit der Zerstörung der Guntekenburg im Südwesten Quedlinburgs.

Dabei handelte es sich vermutlich um eine Wasserburg, die im Besitz von Graf Albrecht II. gewesen war. Über ihre genaue

Der gefangene Raubgraf wird in Ketten vor das Rathaus geführt. (Gemälde im Stadtverordnetensitzungssaal)

Lage herrscht bis heute Ungewissheit. Historiker vermuten sie zwischen Schlossberg und Wipertikirche am Ausgang der Rittergasse oder auf der vom Mühlgraben umflossenen Gardinenwiese. Nach seiner Niederlage musste der Graf an den Halberstädter Bischof eine Entschädigung zahlen und dessen Schutzherrschaft über die Quedlinburger Altstadt anerkennen.

Vor dem Hintergrund eines Erbschaftsstreites kam es 1336 zu erneuten Auseinandersetzungen. Oda, die Gemahlin Graf Albrechts II., war eine geborene Gräfin von Falkenstein. Nachdem ihr Bruder als Domherr von Halberstadt seinem Bischof die gesamte Grafschaft übereignet hatte, fühlte sie sich um ihr Erbe betrogen. Quedlinburg, das damit erneut in die Schusslinie geraten war, entschied sich für den Halberstädter Bischof.

Im Frühjahr 1336 erschien eine Abordnung von Bürgern der Stadt im Gefolge des Bischofs am Gerichtsplatz auf dem Hosickenberg und machte Graf Albrecht II. sein Richteramt streitig. Im Gegenzug waren dann – wie anfangs geschildert – die Quedlinburger Feldflur überfallen und später die Neustadt besetzt worden.

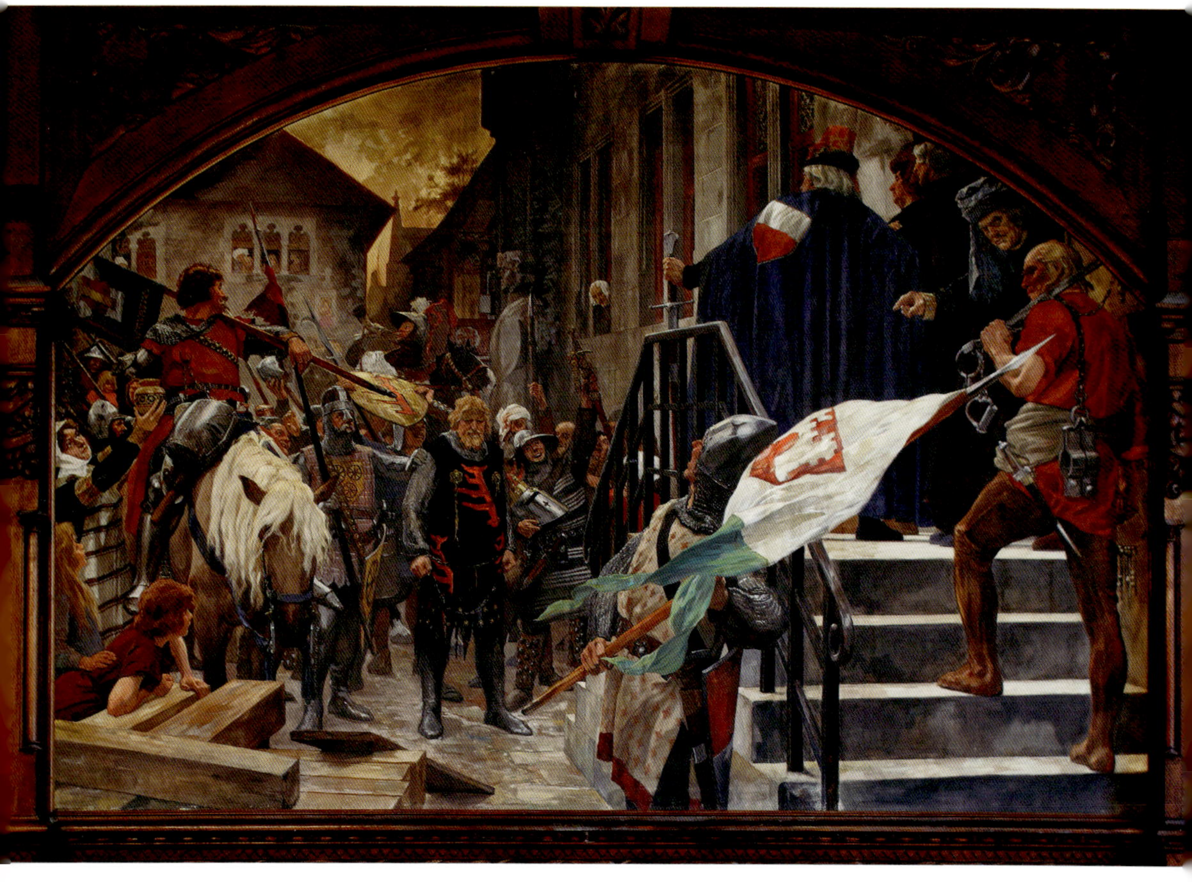

Die Altstadt geriet dadurch in eine schwierige Situation. Sie befand sich in der Zange zwischen dem von den Regensteinern befestigten Wipertikloster und der Gersdorfer Burg. In dieser kritischen Lage wagten die Quedlinburger am 7. Juli einen bewaffneten Ausfall und konnten Graf Albrecht II. im Sumpfgebiet am Hakelteich gefangen nehmen.

Noch heute ist im Schlossmuseum der legendäre „Raubgrafenkasten" zu bewundern. Ob Graf Albrecht allerdings je darin eingesperrt gewesen ist, lässt sich nicht belegen. Erhalten geblieben ist die Sühneurkunde, ausgestellt nach der Gerichtsverhandlung am Hohen Baum (im Neuen Weg). Sie ist datiert auf den 20. März 1338.

Schwert und Dolch des „Raubgrafen" sind verloren gegangen – einst stolze Siegestrophäen der Quedlinburger. Das Schwert hat General von Königsmarck, ein Vorfahr der späteren Pröpstin Maria Aurora, während des Dreißigjährigen Krieges mitgehen lassen. Der Dolch ist bei Umräumarbeiten im Schlossmuseum Anfang der sechziger Jahre verschwunden. Zu sehen sind in der Ausstellung nur noch Albrechts Sporen, seine Jagdtasche und das weltweit einmalige Wurfgeschütz, das ihm zugeschrieben wird.

Wurfgeschütz (Balliste)

Der Raubgrafenkasten war der Überlieferung nach das Gefängnis für Graf Albrecht II. von Regenstein. Jahrhundertelang stand er auf dem Boden des Rathauses, bis er seinen heutigen Platz im Schlossmuseum fand.

Quedlinburger Stadtbefestigung

Das barocke Gartenhäuschen im Weingarten lehnt sich an die Stadtmauer an.

Quedlinburg ist eine an Türmen reiche Stadt. Das wird jedem Betrachter deutlich, der von der Höhe des Schlossberges auf das Dächergewirr zu seinen Füßen herabschaut. Neben den hoch aufragenden Kirchen sind es die zahlreichen Wachtürme entlang der Stadtmauer, die dieses Bild prägen. Sie sind beredte Zeugen des Selbstbewusstseins, der Wehrhaftigkeit und Wirtschaftskraft der mittelalterlichen Stadt und ihrer Bürger.

Bereits 1179 wird eine Marktmauer (murus forensis) urkundlich erwähnt. Polnische Restauratoren fanden 1976 bei Instandsetzungsarbeiten am Haus Marktstraße 2 vermutlich Reste davon. Sie umschloss die kleine Kaufmannssiedlung rund um die Marktkirche.

Die heute noch über weite Strecken erhaltenen Mauern von Alt- und Neustadt sind spätestens in der zweiten Hälfte des 14. Jahrhunderts errichtet worden. Die Vororortgemeinden Westendorf (Schlossbezirk), Münzenberg und Neuer Weg waren wenigstens teilweise, durch Tore und Mauern geschützt. Die den Mauern vorgelagerten Stadtgräben konnten mit Ausnahme des Grabens an der Wallstraße vom Mühlgraben her geflutet werden. An wichtigen Straßeneinmündungen war die Stadtmauer von Toren durchbrochen, die meist Fachwerkaufbauten für die Wohnung des Wächters besaßen. Die Altstadt hatte vier Tore, die Neustadt zwei. Im 19. Jahrhundert fielen sie ausnahmslos der Spitzhacke zum Opfer. Von den zahlreichen Wachtürmen und Bastionen, auf denen die Geschütze in Stellung gebracht wurden, haben sich noch eine ganze Reihe erhalten. Viele der Wehrtürme waren ursprünglich zur Stadtseite hin offen. Erst später wurden sie durch Fachwerkeinbauten geschlossen.

Drei stehen noch heute gut sichtbar an der Westseite der Altstadtbefestigung im Bereich der Wallstraße. Einer von ihnen wurde vor 100 Jahren durch Ziertürmchen und eine steinerne Balustrade verändert. In unmittelbarer Nähe der Ägidiikirche, deren Turmriegel mit größter Wahrscheinlichkeit ebenfalls in das Verteidigungssystem einbezogen war, erhebt sich der Schreckensturm zu einer stattlichen Höhe von mehr als 40 Metern. Eine dendrochronologische Untersuchung am Gebälk des Dachstuhls deutet auf eine Bauzeit um 1380. Im Mittelalter dienten seine starken Mauern auch als Stadtgefängnis.

Von den Mauertürmen der Neustadt bilden der Schweinehirten-, der Gänsehirten- und der Turm „opp'n Tittenplan" ein eindrucksvolles Ensemble in der kleinen Gasse „Hinter der Mauer". Der Kaiserturm ist durch Fachwerkanbauten zu Wohnzwecken erweitert worden.

Der Turm am Fleischhof ist 1987 in veränderter Form neu aufgemauert worden. Vom Wietholzturm, Martinsturm, Jungfernturm und Kleersturm sind nur Reste erhalten geblieben.

Neben dem inneren Verteidigungsring, der durch die Stadtmauern gebildet wurde, gab es noch einen äußeren zum Schutz der ausgedehnten Feldflur. Steinerne Wachtürme in der Kombination mit tiefen Gräben, Erdwällen und Dornenhecken sollten das Eindringen feindlicher Scharen und den Diebstahl von Weidevieh und Feldfrüchten verhindern. Einige dieser Feldwarten sind später zu Aussichtstürmen umgebaut worden (Altenburgwarte, Bicklingswarte, Seweckenwarte, Steinholzwarte).

Der stattliche Wachturm an der Wallstraße schützte einst die westliche Stadtmauer. Ende des 19. Jahrhunderts ist er beim Bau der Villa Lindenbein im oberen Teil verändert worden.

Hedwigs Rache

vorige Seite: Die Quedlinburger müssen sich nach der Niederlage von 1477 der Äbtissin Hedwig von Sachsen unterwerfen. (Gemälde im Stadtverordnetensitzungssaal)

Seit 1616 befindet sich am Kornmarkt die Adler- und Ratsapotheke. Kunsthistoriker vermuten im Mittelteil des Gebäudes den ersten Verwaltungssitz der ottonischen Marktsiedlung.

Im Mauerwerk der Adler- und Ratsapotheke steckt in ziemlicher Höhe eine Steinkugel. Darunter ist die Zahl 1477 zu erkennen. Sie erinnert an ein wichtiges Ereignis in der Quedlinburger Geschichte. 1477 war ein Schicksalsjahr für die Stadt. Es hatte weitreichende Folgen für ihre künftige Entwicklung.

Nach dem Tod Kaiser Heinrichs II., der 1024 kinderlos gestorben war, erlosch die Dynastie der Ottonen, die auf dem Qued-

linburger Schlossberg mit ihrem Familienstift ein hochrangiges politisches und kulturelles Zentrum besessen hatte. Das Äbtissinnenamt besetzten die nachfolgenden Salierkaiser zunächst mit Töchtern aus ihrem Hause, aber in der Folgezeit rückte die Quitilingaburg mehr und mehr aus dem Brennpunkt des politischen Geschehens.

Im gleichen Maß, wie die Position des Stiftes geschwächt wurde, stärkte sich die der Stadt zu seinen Füßen. 1426 gipfelte diese Entwicklung im Beitritt Quedlinburgs zur Hanse, dem mächtigsten Wirtschafts- und Schutzbündnis des Mittelalters. Kein Wunder also, dass die Bürger danach strebten, auch politisch unabhängig zu werden. Ausdruck dafür ist der Reichsadler im Stadtwappen. Doch dieser Wunschtraum sollte nicht in Erfüllung gehen.

Im Mauerwerk der Adler- und Ratsapotheke steckt eine Kugel, die angeblich aus dem Kampf der Stadt gegen die Äbtissin Hedwig von Sachsen stammen soll.

Im Januar 1458 wurde Hedwig, eine Tochter des sächsischen Kurfürsten Friedrich II., im Alter von zwölf Jahren zur Äbtissin gewählt. Papst Calixtus III. bestätigte die Wahl der noch Minderjährigen unter der Voraussetzung, dass sie in geistlichen Fragen zunächst vom Stiftskapitel unter Leitung der Pröpstin Anna von Schwarzburg vertreten werden sollte. Zur Ausübung der Regierungsgeschäfte stellte ihr Vater ihr den Stiftshauptmann Martin von Grußwitz zur Seite.

Bereits in ihren ersten Amtsjahren führte die junge Äbtissin bei ihrem Vater Beschwerde über Unbotmäßigkeiten des Magistrats. Das Verhältnis zwischen ihr und der Stadt muss von Anfang an recht gespannt gewesen sein. Dem Kurfürsten gelang es aber immer wieder, die Streitereien friedlich beizulegen.

Das änderte sich nach dem Regierungsantritt von Hedwigs Brüdern Ernst und Albrecht. Die Verhältnisse spitzten sich ab 1470 immer mehr zu und gipfelten schließlich 1477 in bewaffneten Auseinandersetzungen, nachdem Verhandlungen ergebnislos verlaufen waren. Die Quedlinburger versuchten, Anfang Juli die verhasste Äbtissin zu vertreiben. Mit Waffengewalt rückten sie gegen das Schloss vor und zerschossen seine Dächer.

Aber die erhoffte Unterstützung durch den niedersächsischen Städtebund, dem Quedlinburg angehörte, blieb aus. Nur eine kleine Halberstädter Hilfstruppe stand ihnen zur Seite. Die aber war den anrückenden sächsischen Truppen nicht gewachsen. Am Abend des 24. Juli traf das Heer der beiden Herzöge aus Querfurt kommend mit 400 Berittenen und 200 Kriegsknechten in Quedlinburg ein. Nach kurzem Kampf auf dem Schlossplatz wurde die Burg besetzt.

40 Quedlinburger fielen in dieser Auseinandersetzung. Einen Tag später kapitulierte die Stadt. Noch in der Nacht vom 24. zum 25. Juli musste der Magistrat die Schlüssel zu den Stadttoren auf dem Schloss abliefern und sich zum Verzicht auf die Vogteirechte bereit erklären.

Die harten Bedingungen, die Äbtissin Hedwig der unterlegenen Stadt diktierte, sind in einer Urkunde vom 9. August 1477 festgeschrieben. Der Magistrat musste alle Dokumente mit seinen Privilegien und verbrieften Rechten an die Äbtissin aushändigen, ihre Landeshoheit und die Schutzherrschaft ihrer Brüder anerkennen, aus allen Schutzbündnissen (auch der Hanse) austreten und sich verpflichten, nie wieder neue einzugehen.

Die Äbtissin behielt sich das Mitspracherecht in allen Verwaltungs- und Innungsangelegenheiten vor. Die Bürger wurden zur Zahlung von tausend rheinischen Gulden als Entschädigung für die zerschossenen Schlossdächer verurteilt. Sie mussten außerdem weiterhin eine Jahresrente für die Kasse der Äbtissin aufbringen. Diese ist bis zur Auflösung des Stiftes 1802 gezahlt worden.

Als äußeres Zeichen der Unterwerfung ließ Hedwig den Roland stürzen und zerschlagen. Seine Bruchstücke haben jahrhundertelang auf dem Hof des alten Ratskellers gelegen. Auf seinem Platz steht heute die Möbelhalle. Erst 1869 ist das Symbol der Marktfreiheit auf Initiative des Oberbürgermeisters Dr. Gustav Brecht wieder vor dem Rathaus aufgestellt worden.

Die Niederlage von 1477 war ein Rückschlag für die Stadtentwicklung, der sich über Jahrhunderte hinweg auswirkte. Statt der Perspektive, als freie Reichsstadt an der Seite großer Handelsstädte zu stehen, mussten sich die Bürger bis zur Auflösung des Stiftes in ihrer kleinstädtischen Residenz einrichten. Sie taten das mit Geschick. „Quellnborjer Brennewien" und „Quellnborjer Masteschwien" sicherten in den folgenden Jahrhunderten ihren Wohlstand.

Hedwig ließ 1477 nach der Niederlage der Stadt den Roland stürzen. Erst 1869 wurde er wieder aufgestellt.

133 auf einen Streich?

Hexenwahn und Hexenverfolgung in Quedlinburg

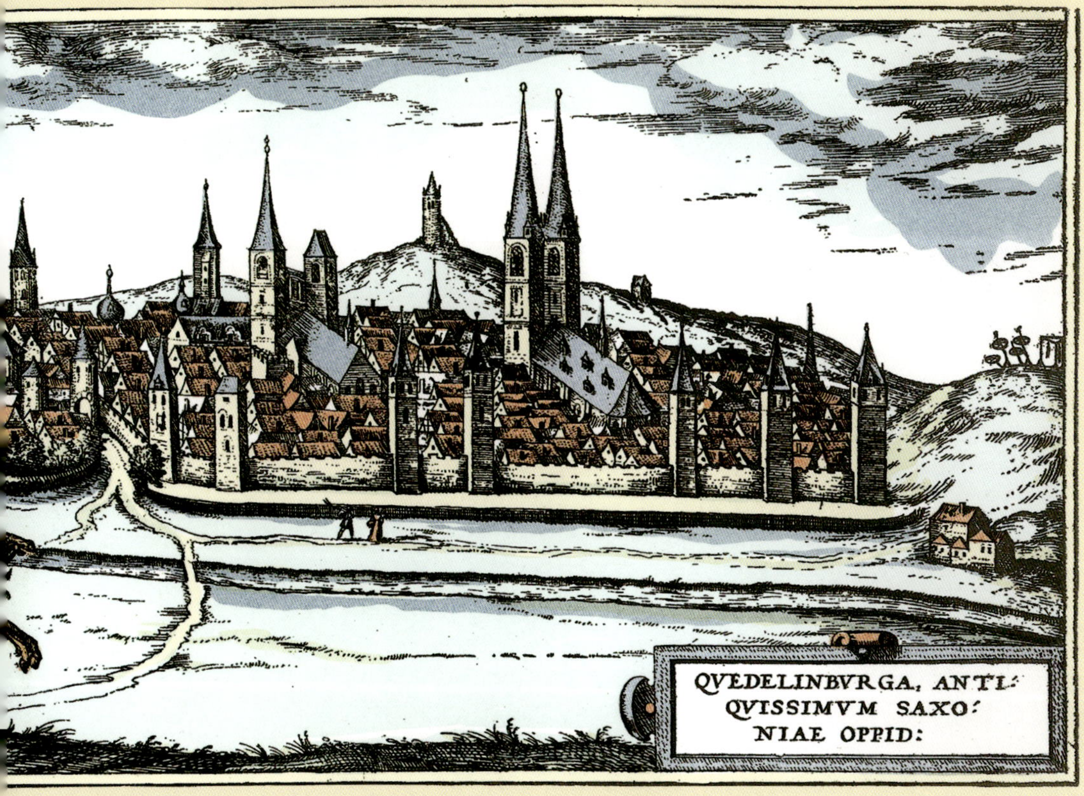

QVEDELINBVRGA, ANTI-
QVISSIMVM SAXO-
NIAE OPPID:

In Quedlinburg *wurden 1589 an einem Tage 133 Hexen verbrannt, weil sie auf den Blocksberg (Brocken) zum Hexentanz das Getränk geliefert und deshalb den Wein aus 14 großen Kellern der Nachbarschaft ausgeleert hatten. Alle 133 kamen in den Flammen um, nur vier ganz außergewöhnlich schöne schaffte sich der Scharfrichter auf die Seite und erklärte dem Volk, der Teufel habe sie durch die Luft entführt.*

Der Schreckensturm diente nicht nur zu Verteidigungszwecken, sondern wurde auch als Gefängnis benutzt. Er war ursprünglich ein zur Stadtseite hin offener Schalenturm. Von der hölzernen Galerie aus kann man einen Blick in das heute noch vorhandene Verlies werfen.

Das ist nachzulesen bei Carl Lempen. Seine „Geschichte der Hexen und Hexenprozesse" erschien 1880 in St. Gallen. Als Quelle nennt der Autor ein 1836 herausgegebenes Taschenbuch. Dort aber ist nicht Quedlinburg, sondern Osnabrück als Schauplatz des Geschehens angegeben. Bis in die Gegenwart tauchen diese Angaben trotzdem immer wieder mit penetranter Hartnäckigkeit in den Standardwerken der Hexenforschung auf.

Woher stammt diese magische Zahl 133, die soviel Verwirrung gestiftet hat?

1784 hat Christian Gottfried Voigt, Stadtsyndicus und Prozessdirektor der Königlich-Preußischen Erbvogtei zu Quedlinburg, eine Abhandlung mit dem Titel „Über Hexen, Hexenprozesse und Folter" veröffentlicht. In den ihm zugänglichen Akten fand er 39, die sich mit Hexenprozessen beschäftigten. Sie umfassten den Zeitraum von 1559 bis 1663. Anhand dieses Materials stellte der Jurist Voigt eine nur schwer nachvollziehbare Hochrechnung an. Er kam dabei auf eben diese 133 vermutlichen Hexenverbrennungen. Allerdings sollen sie nicht an einem Tag, sondern verteilt über das ganze Jahrhundert stattgefunden haben.

Damit war Quedlinburg von dem traurigen Ruhm befreit, Spitzenreiter im dunklen Kapitel von Hexenwahn und Hexenverfolgung gewesen zu sein. Aber völlig unberührt davon ist es ebenso wenig geblieben wie andere Orte auch. Sicher nachzuweisen sind Prozesse gegen 45 der Hexerei angeklagte Personen, in der Mehrzahl Frauen. 38 von ihnen endeten auf dem Scheiterhaufen. 1570 hat es einen Freispruch gegeben, vier weitere dann im 17. Jahrhundert. Einige Urteile verhängten Staupenschläge, Landesverweisung und im Fall eines zwölfjährigen Mädchens christliche Unterweisung.

Außer den Voigt bekannten, heute nicht mehr vorhandenen 39 Aktenstücken fanden sich im Stadtarchiv drei weitere: 1570 gegen Margarete Raben, 1575 gegen Margarete Ode

und zu einem dritten Verfahren, von dem nicht mehr feststellbar ist, wann es stattgefunden hat, weil die Unterlagen zu unvollständig sind. Verhandelt wurde gegen zwei Frauen – Catharina Schusters und die „Rockmannsche".

Das Gerichtswesen in Quedlinburg war zu Zeiten des Frauenstiftes (936–1802) recht kompliziert. Das Nebeneinander von abteilichen, schutzherrlichen und städtischen Gerichten führte oftmals zu Irritationen und Kompetenzrangeleien. Die Strafgerichtsbarkeit unterstand der Hoheit des Schutzherren, wurde aber vor 1477 und später wieder ab 1530 von diesem an die Stadt verpfändet. Sie allein war also für die Durchführung der Hexenprozesse zuständig. Verhandelt wurde vor dem Stadtrichter oder Syndicus. Die Rechtsprechung erfolgte nach kursächsischem Recht. Darin heißt es:

Demnach verordnen wir, so jemand in Vergessung des christlichen Glaubens mit dem Teufel ein Verbündnis hat, daß dieselbige Person, ob sie gleich mit der Zauberei niemand Schaden zufügt, mit dem Feuer zum Tod gerichtet und gestraft werden soll.

Es genügte also der bloße Verdacht oder eine böswillige Verleumdung, um sich in einem Konfliktfeld so zu verstricken, dass es kein Entrinnen mehr gab.

Aus den Akten des Ratsarchivs kennen wir einige wenige Namen von mit der Prozessführung Beauftragten: Bürgermeister Ambrosius Ruele, Stadtvogt Sebastian Aken oder die Ratskämmerer Hans Müller, Joachim Jobst und Bastian Lauch. Im Fall der Margarete Raben führte der Notar Andreas Lüder das Protokoll. Voigt wird wohl ganz bewusst bei der Bearbeitung der ihm zur Verfügung stehenden Aktenstücke die Namen der Richter ausgespart haben.

Das Unheil begann für die meisten Betroffenen mit einer Anzeige von Nachbarn oder mit sogenannten „Besagungen". Man erpresste unter der Folter – im Juristendeutsch als „peinliche Befragung" bezeichnet – Namen von

„Mitschuldigen". Solche Besagungen lösten ganze Kettenreaktionen aus. In Quedlinburg häuften sich die Hexenprozesse in den siebziger Jahren des 16. Jahrhunderts. Verhaftet wurden meist ältere Frauen aus sozial niederen Schichten, die oft am Rande der Gesellschaft lebten.

Das wird deutlich am Fall der Margarete Ode, einer Kindermutter (Hebamme) aus Ditfurt. Sie starb 1575 auf dem Scheiterhaufen. Ihre Prozessakte ist vollständig erhalten und macht den Ablauf des Geschehens von der Verhaftung bis zum Urteilsspruch nachvollziehbar. Interessant sind dabei die sozialen Hintergründe. Margarete Odes Mann wird als Kneipengänger geschildert. Die Familie lebte in äußerst ärmlichen Verhältnissen. Um ihre Finanzen etwas aufzubessern, nahm „die Odische" oftmals zwielichtiges Gesindel in ihrem Haus auf. Die Nachbarn mieden sie und verdächtigten sie der Zauberei. Wahrscheinlich besaß sie tatsächlich Kenntnisse über die Wirkung bestimmter Kräuter und Heilpflanzen. Sie praktizierte wohl auch heimliche „Aussegnungen" von bösen Geistern und Krankheiten.

Im Protokoll äußert sie, man müsse dazu Knoblauch, Eisenkraut und Wermut verbrennen und folgenden Spruch sagen: „Gie under Erdsche, gie ouver Erdsche, gie Zwarg, gie Zwargin, gie Albe und Elbin, Eck ouwwerweldige giek im Namen des Vaters, des Sohnes und des heiligen Geistes." (Ihr unter der Erde, ihr über der Erde, ihr Zwerg, ihr Zwergin, ihr Elf und Elfin, ich überwältige Euch im Namen des Vaters, des Sohnes und des Heiligen Geistes.)

Im Frühjahr 1575 hatte Margarete Ode die aus Magdeburg kommende Agnes Sander mit ihren Kindern bei sich aufgenommen und sie auch bei der Geburt eines Sohnes betreut. Später ist es zum Zerwürfnis zwischen den beiden Frauen gekommen. Agnes machte die Odische für den Tod ihres Kindes verantwortlich und zeigte sie wegen Hexerei an.

Wichtigster und häufigster Anklagepunkt in allen Quedlinburger Hexenprozessen ist die Buhlschaft mit dem Teufel. Davon berichtet die Akte gegen Margarete Raben bis ins kleinste und peinlichste Detail. An zweiter Stelle steht der Umgang mit den „Holliken" (Holden) oder „guten Dingern". Entgegen ihrer Bezeichnung sollen die immer etwas Böses verkörpert haben, das in andere Menschen hinein- oder wieder ausgesegnet wird, Krankheiten auslöst und zum Tode führen kann. Sie werden als hässliche Insekten oder auch als kleine Männlein mit roten Mänteln geschildert, wohnen unter der Schwelle oder auch im Freien und kehren nach Gebrauch dorthin zurück. Trotz der Nähe zum Harz werden Brockenritte und Walpurgisfeiern auf dem Blocksberg in den Prozessakten nur dreimal erwähnt.

Nach der Inhaftierung in den Kellern des Rathauses oder im Schreckensturm, wo heute noch das tiefe, lichtlose Verlies erhalten ist, fanden die Verhöre statt – zunächst „in Güte", dann unter der Folter. Die dort erzielten Resultate sind immer nach dem gleichen Muster aufgebaut, das sowohl den Richtern als auch den Angeklagten allgemein geläufig war. Zusammengefasst in der „Urgicht", dem Schuldbekenntnis, wurden sie zur Urteilsfindung einem Schöppenstuhl aus Berufsrichtern zugesandt.

Die Quedlinburger Fälle kamen meist vor den Magdeburger oder den Leipziger Schöppenstuhl. Das Urteil lautete fast immer auf Verbrennen. So sollte das Böse nicht nur psychisch, sondern auch physisch vernichtet werden. In Quedlinburg loderten die Scheiterhaufen auf dem Schindanger, einer Fläche vor dem Eingang zum Brühl, dort wo heute das Wasserwerk steht. Nicht selten wurde der allgemeine Hexenwahn zur Lösung persönlicher Konflikte, von Neid, Hass und Nachbarschaftsstreit ausgenutzt. Nichtige Alltagsereignisse konnten unter diesem Vorzeichen tödlich enden.

Das beweist auch der Prozess gegen Hedwig Amelang im Jahre 1663. Die 77-jährige Witwe wurde beschuldigt, einen Kobold in den Graßhoff'schen Stall gezaubert zu haben, der auf dem darüber liegenden Heuboden sein Unwesen treiben würde. Dieser Kobold hieß allerdings Peter Küggeler, war Graßhoff'scher Knecht und konnte vom Nachbarhaus aus auf den Boden gelangen, wo er Futter und Wirtschaftsgerät mitgehen ließ. Seine Frau hatte den Verdacht gegen die Witwe geschürt, um von den Diebstählen abzulenken, und löste damit den nachweislich letzten Hexenprozess in Quedlinburg aus. Hedwig Amelang entzog sich dem Urteil und erhängte sich.

Dass allerdings noch 1750 eine Hexe in der Stadt verbrannt worden sein soll, gehört ebenso ins Reich der Fantasie wie die 133 Scheiterhaufen an einem einzigen Tag.

Kirchen in
Quedlinburg

St. Godehard (13. Jahrhundert, Nikolai-kirche)

vorige Seite: Die Muttergottes aus dem gotischen Vesperaltar in der Marktkir-che

St. Nikolai ist die größte Pfarrkirche Quedlinburgs. Sie bildet den Mittel-punkt der Neustadt, einer um 1200 entstandenen Ackerbürgersiedlung mit eigenem Rathaus und eigener Verwal-tung. Wichtige mittelalterliche Urkun-den sind deshalb meist unterzeichnet „der Rat beider Städte Quedlinburg". Die 72 m hohen Kirchtürme sollen, so berichtet die Sage, einem Schatzfund zu verdanken sein, den ein Schäfer auf der Weide vor den Toren der Stadt gemacht hatte.

Die Stadt Quedlinburg besitzt sechs evangelische und zwei katholische Pfarrkirchen. Die hoch aufragenden Türme von St. Nikolai in der Neustadt, der stattliche Bau der St. Benedik-tikirche am Markt, das wehrhafte Westwerk von St. Ägidii im nördlichen Teil der Altstadt und die Zwillingshelme der Blasii-kirche bilden ein Gegengewicht zur alles überragenden Stifts-kirche auf dem Schlossberg. Alle diese Gotteshäuser haben ältere Vorgängerbauten. Sie reichen in die Zeit der Stadtgrün-dung zurück oder haben sogar ihre Wurzeln bereits in den dörf-lichen Ansiedlungen Nördlingen und Quitlingen. Die ältesten Baureste stammen aus der Romanik, die Langhäuser sind meist gotisch und die Innenausstattung barock. Eine Ausnahme bil-det die Blasiikirche in der Nähe des Marktplatzes. Dort wurde zwischen dem Turmunterbau aus der Zeit um 1000 und dem gotischen Ostgiebel am Anfang des 18. Jahrhunderts ein acht-eckiger Barockbau eingefügt.

Für Quedlinburger Verhältnisse jung sind die katholische Mathildenkirche im Neuendorf (erbaut 1858 von Friedrich von Schmidt) und die Johanniskirche in der Süderstadt. Diese ent-stand Anfang des 20. Jahrhunderts als Ersatz für die alte Hos-pitalkirche St. Spiritus in der Heiligegeiststraße, die beim Bau des Landratsamtes abgerissen wurde. Unweit der Johanniskir-che ist die kleine Kapelle des ehemaligen Johannishospitals erhalten. In vielen Quedlinburger Kirchen befinden sich sehr schöne farbige Glasfenster der in der Stadt ansässigen Glas-malerei Müller (heute Schneemelcher).

Nicht mehr alle der für heutige Gegebenheiten viel zu gro-ßen Kirchenbauten können als Gotteshäuser genutzt werden. Schon vor Jahrzehnten wurden aus wirtschaftlichen Gründen Markt- und Blasiigemeinde zusammengelegt.

Die seitdem leer stehende Blasiikirche dient nach der Instand-setzung und Restaurierung von Dach, Fenstern und Stuckdecke durch die Deutsche Stiftung für Denkmalschutz kulturellen Zwecken (Konzerten und Ausstellungen).

Der 1712/13 entstandene Hochaltar (rechts) ist ein Werk des Goslarer Bildschnitzers Jobst Heinrich Lessen. Die Farbgestaltung übernahm der Quedlinburger Maler Hein-rich Erdmann Riese. Er hat einige Jahre später auch am Hochaltar der Blasiikirche mitgewirkt.

Die Marktkirche St. Benediktii bildete das Zentrum der Marktsiedlung, die bereits in ottonischer Zeit entstanden war und später mit zwei anderen dörflichen Niederlassungen (Nördlingen und Quitlingen?) zur Altstadt verschmolz. Ältester Baurest ist ein quadratischer kreuzgratgewölbter Raum unter der Sakristei. Er wird von den Kunsthistorikern in die Zeit um das Jahr 1000 datiert. Der Turmunterbau stammt aus romanischer Zeit, geht aber mit zunehmender Höhe in gotische Formen über. Von den ursprünglichen zwei Turmhelmen ist nur der nördliche erhalten geblieben. Der südliche wurde zweimal durch Blitzschlag zerstört und nie wieder originalgetreu aufgebaut. Der Neubau der Marktkirche als gotische Hallenkirche erfolgte im 15. Jahrhundert.

oben rechts: Detail von der Kanzel, geschaffen 1595 von Georg Steyger

Die prächtige barocke Hochaltarwand entstand zwischen 1698 und 1700 nach Entwürfen von Leonhard Christoph Sturm aus Wolfenbüttel.

linke Seite

links: Christuskopf eines gotischen
Kruzifixes

Mitte und rechts: St. Benedikt und
St. Nikolaus vom gotischen Flügelaltar
im südlichen Seitenschiff

rechts: Der heilige Martin teilt seinen
Mantel mit einem Bettler. (Darstellung
auf der Predella des Flügelaltars im
südlichen Seitenschiff)

Gotischer Flügelaltar (um1480) in der Kalandskapelle

Die Figur König Davids von 1663 diente ursprünglich als
Stütze an der Orgelempore.

Die Ägidiikirche liegt im nördlichen Teil der Quedlinburger Altstadt in unmittelbarer Nähe zur Stadtmauer und dem Gröperntor, in das die Schmale Straße einmündete. Sie setzte sich außerhalb der Stadtgrenze als wichtigster Handelsweg in Richtung Halberstadt und Magdeburg fort. Die erste schriftliche Erwähnung der Ägidiikirche fällt in das Jahr 1179. Ihr Ursprungsbau war die Pfarrkirche des einstigen Dorfes Nördlingen. Nach mehreren, nie ganz vollendeten Umbauplänen erhielt sie ihre heutige Gestalt. Dominant ist der gewaltige Westriegel mit nur noch einem erhaltenen Turm. Er besaß höchstwahrscheinlich eine Wehrfunktion in Verbindung mit der Stadtmauer. Im 15. Jahrhundert erfolgte ein spätgotischer Umbau des Langhauses. Das Innere erhielt sein heutiges Bild mit der Umgestaltung zu einer barocken Halle am Ende des 17. Jahrhunderts.

links und unten: Der um 1430 entstandene Flügelaltar im Hohen Chor stammt aus der Marktkirche und wurde im Jahr 1700 der Ägidiikirche überlassen.

rechts: Blick durch das Mittelschiff auf die Orgelempore

In den Priechen mit den zierlich gedrechselten Gitterstäben hatten die zur Gemeinde gehörenden Familien ihre Stammplätze.

Die klassizistische Graburne von 1824, hergestellt in der Mägdesprunger Eisengusshütte, gehört zu den Überresten des alten Ägidiifriedhofs.

Musizierende Engel schmücken die Predella des Hochaltars.

Schon bevor die Kaufmannssiedlung an der Marktkirche entstand, erstreckte sich zwischen Hoher Straße, Markt und Blasiistraße ein kleines Dorf. Sein Name ist bei den Historikern umstritten. Möglicherweise hieß es Quitlingen. Seinen Mittelpunkt bildete die Blasii-kirche. Deren früheste schriftliche Erwähnung stammt erst aus dem 13. Jahrhundert. Aber die Baubefunde sprechen eine andere Sprache. Der querrechteckige Turmunterbau bis zum Gesims unter den Schallarkaden wird in die Zeit um 1000 datiert. Vom früh-gotischen Nachfolgerbau der ursprüng-lichen Saalkirche ist die östliche Chor-wand erhalten geblieben. 1714 nahm die Gemeinde einen Neubau in Angriff. Das neue barocke Langhaus in Form eines gestreckten Achtecks wurde vom Architekten geschickt zwischen dem Turmbau im Westen und den Resten des Chors im Osten eingepasst.

Nur wenige Meter vom Markt entfernt schiebt sich eine massive Sandsteinfas-sade mit einem kapriziösen Dachreiter über dem steilen Ostgiebel in die Straßenflucht der Blasiistraße.

Das Kruzifix an der südlichen Chorwand ist 1520 entstanden.

Blick auf den Kanzelaltar. Er wurde in den Jahren 1721/23 nach einem Entwurf des anhaltinischen Landbaumeisters Johann Heinrich Hoffmann von Quedlinburger Kunsthandwerkern geschaffen.

rechts: Das achteckige Deckengemälde zeigt die Bischöfe Servatius und Blasius mit dem Stiftswappen.

links und unten: Jenseits der Bahnlinie in der Quedlinburger Süderstadt erhebt sich der Turm der Johanniskirche. Sie ist umgeben von einer größeren Zahl massiver Backsteingebäude, die in der 2. Hälfte des 19. Jahrhunderts als Sozial- und Altenwohnungen auf dem Gelände des Johannishofs errichtet wurden. Als man 1898 das St. Spiritushospital aus der Stadtmitte hierher verlegte – es musste der Neubebauung der Heiligegeiststraße weichen – entstanden die Pläne für einen größeren Kirchenbau gegenüber dem Bismarckhain. Im Juni 1905 fand die Grundsteinlegung statt und schon im Dezember des darauf folgenden Jahres konnte der Neubau geweiht werden. Die Johanniskirche ist ein historisierender Bau im Stil der Neoromanik mit Elementen des Jugendstils. Den besonderen Schmuck des Innenraumes bilden die farbigen Glasfenster der Firma Ferdinand Müller, Quedlinburg.

rechte Seite: Nachdem durch die Einführung der Reformation alle Quedlinburger Kirchen evangelisch geworden waren, gab es jahrhundertelang kein katholisches Gotteshaus mehr in der Stadt. Das änderte sich erst mit dem Bau der St.-Mathildenkirche. Sie wurde nach Plänen des Architekten Friedrich von Schmidt errichtet und 1858 geweiht. Ihre Grundmauern stehen auf den Fundamenten der Stadtmauer im Neuendorf. Namenspatronin ist die Königin Mathilde, Gemahlin Heinrichs I. Sie wird von der katholischen Kirche wegen ihrer Mildtätigkeit gegenüber Armen und Kranken als Heilige verehrt.

oben links: Der heilige Liborius, Schutzpatron des Erzbistums Paderborn, und die Königin Mathilde mit einem Modell der Kirche (aus dem Mittelfenster im Hohen Chor)

oben rechts: Blick in den Chor. Das dreiteilige Altarbild schuf 1953 der Maler Meinolf Splett.

unten: Der neogotisch geprägte Innenraum mit der Orgelempore im Westen

S.t LIBORIUS.
S.t MATHILDIS.

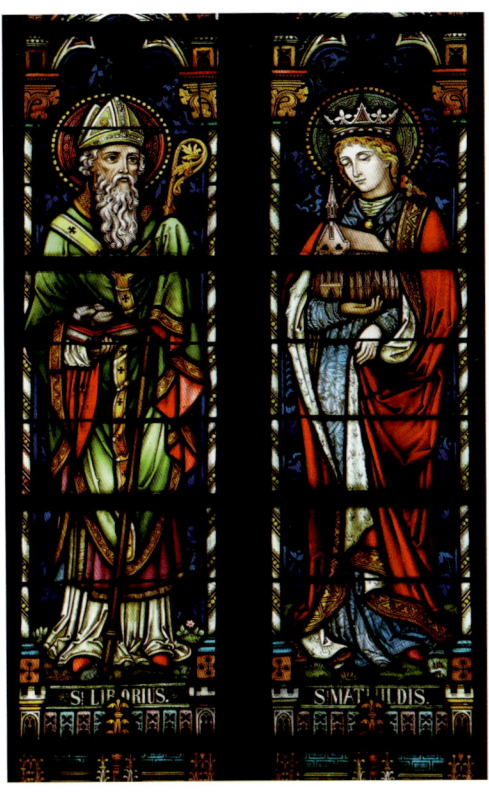

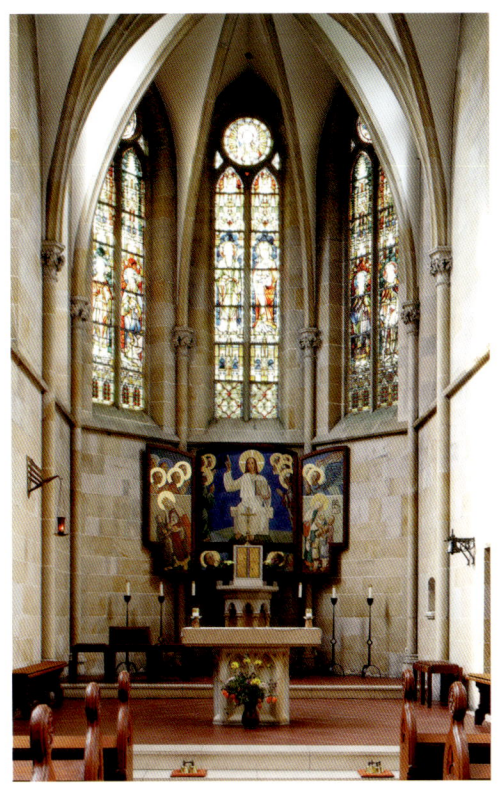

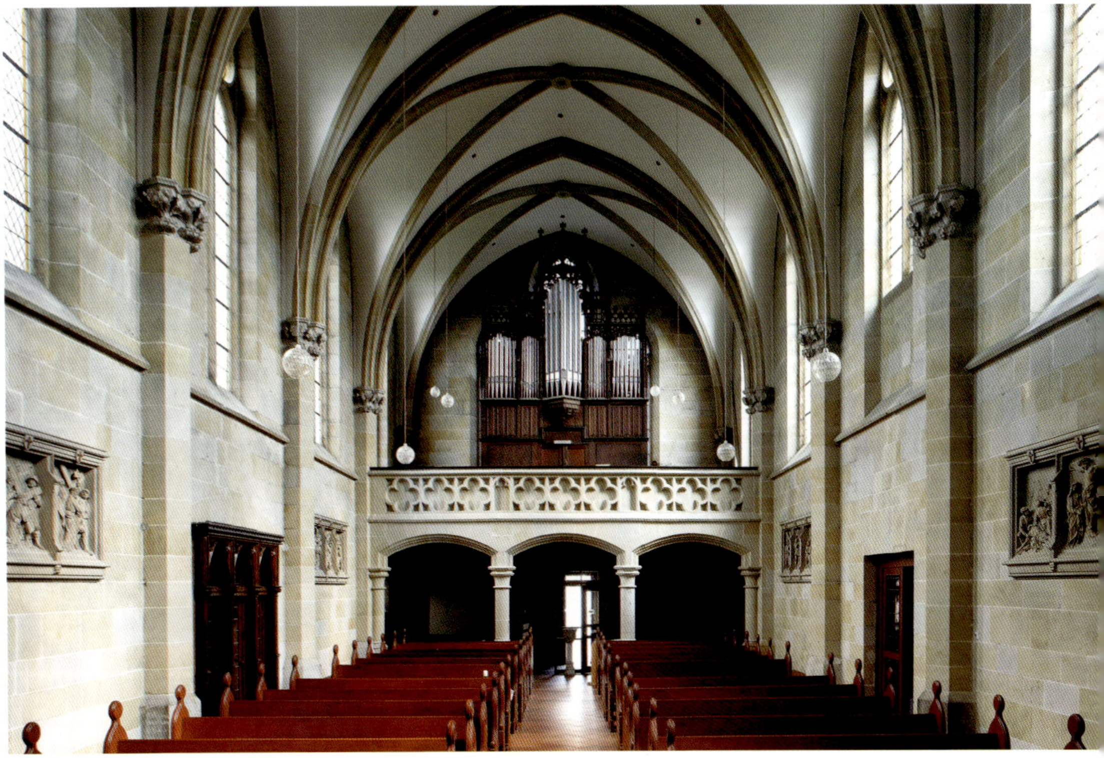

Von Schiffskehlen, Drudenfüßen, Feuerböcken und halben Männern

rechts: Der Ständerbau in der Wordgasse ist das wohl älteste komplett
erhaltene Fachwerkhaus Deutschlands.

vorige Seite: Blick in den Stieg und die
Breite Straße

Das Gebäude Word 3 zeigt reichen
Fassadenschmuck im niedersächsischen
Stil.

Fachwerk gibt es an vielen Orten, sogar in der Hölle. Wenigstens in Quedlinburg ist das so. Und dass es sich in der Hölle – zumindest in der Quedlinburger – gut wohnen lässt, steht beim Blick auf die malerischen Fachwerkfassaden außer Frage. Länger als 450 Jahre schauen sie schon herab auf das holprige Pflaster der engen Gasse mit dem seltsamen Namen. Vermutlich wurde die Bezeichnung von dem markanten steinernen Eckgebäude übernommen, das sich wie ein massiger Block in die Straße schiebt.

Es wird bereits 1233 als „domus infernus" erwähnt und war wohl eine feudale Eigenbefestigung. Mauerführung und -technik sind identisch mit der nur noch bruchstückhaft erhaltenen Befestigungsmauer des nahe gelegenen ehemaligen Freihofs Mummental.

Dem Höllenhof gegenüber präsentiert sich der niedersächsische Stil im Fachwerk in seiner geradezu überquellenden For-

ANNO
1620

Die Börse am Steinweg ist der letzte bedeutende Bau im Quedlinburger Sonderstil in der Stadt.

menfülle und Detailfreude. Neben Brüstungssonnen und Palmetten auf den Dreiecksfeldern zeigen sich tief ausgehöhlte Schiffskehlen als Füllhölzer zwischen den rollenförmigen Balkenköpfen. Flechtbänder, Taustäbe und Kerbschnittrosetten ergänzen den reichen Formenschatz. Dominierend sind die Drudenfüße (fünfeckige Sterne). Als magische Zeichen hatten sie hier in der Hölle wohl eine sehr wichtige Funktion.

links: Das Eckhaus Pölle/Stieg zeigt eine der Maserung von Marmor nachempfundene Malerei. Seine Hausinschrift ist in deutscher, lateinischer und griechischer Sprache verfasst.

Das stattliche Fachwerkhaus im Quedlinburger Sonderstil (Word 1) zeugt vom Wohlstand der Stadt in der 2. Hälfte des 17. Jahrhunderts.

Der Drudenfuß galt als magisches Zeichen, um den Teufel zu bannen.

Seltener kommen im Quedlinburger Fachwerk die „halben Männer" vor, ein Gebilde aus je einer halben, ineinandergreifenden kurzen Kopf- und langen Fußstrebe. Rar sind auch die „Feuerböcke" aus zwei gebogenen, mit der Rundung gegeneinander gestellten Hölzern.

Der niedersächsische Stil des 16. Jahrhunderts stellt in Quedlinburg zwar nicht den Beginn, aber die erste Blüteperiode der Fachwerkarchitektur dar. Er löste die spätgotische Phase ab, die nur noch selten zu finden ist, zum Beispiel in der Breiten Straße 33.

Die Bauten dieser frühen Zeit sind durch starkes Vorkragen der oberen Etagen, treppenförmige Friese, Maßwerk bzw. Fischblasenmuster an der Stockschwelle und birnstabförmige Profile der Balkenköpfe gekennzeichnet. Mit ihnen hat sich ein völlig neues Konstruktionsprinzip des Fachwerkbaus durchgesetzt.

rechts: Blick in die Quedlinburger Hölle

Fußgängerpforte im großen Hoftor in der Hölle

An die Stelle des Geschossbaus mit durchlaufenden Stützen tritt der Stockwerkbau. Jede Etage stellt einen eigenen, geschlossenen Baukörper dar. Über den Ständern der unteren Etage bildet die Stock- oder Saumschwelle die Auflage für die folgenden. Das hatte den Vorteil, größer und höher bauen zu können, und bot Raum für reichen Fassadenschmuck.

Bei den Ständerbauten des 14. Jahrhunderts, die der spätgotischen Gruppe vorausgegangen waren, war das noch nicht möglich. Ein Haus konnte nicht höher sein als die Baumstämme, aus denen seine Ständer zugeschlagen worden waren. Ein typisches Beispiel dafür ist der Ständerbau in der Wordgasse 3. Mit ihm besitzt Quedlinburg das wohl älteste komplett erhaltene Fachwerkhaus Deutschlands.

Schon bald nach dem Dreißigjährigen Krieg setzte in Quedlinburg eine fast fieberhafte Bautätigkeit ein. Die durch Kriegseinwirkungen dezimierte Bevölkerung erlebte einen raschen wirtschaftlichen Aufschwung. Baulücken mit verfallenen oder eingestürzten Häusern, die sogenannten „wüsten Hausstellen", wurden neu bebaut, meist mit großen mehrstöckigen Fachwerkhäusern. Etwa fünfhundert stattliche Gebäude aus einer Zeitspanne von nur etwa fünfzig Jahren sind heute noch erhalten.

Die Zimmerleute müssen mit Aufträgen überhäuft gewesen sein. Ihre Namen oder wenigstens ihre Handwerkszeichen sind ins Holz der Saumschwellen eingeschnitzt und lassen sich nachlesen. Die Rühles oder Reules, die Langes, Goldfuß', Besens, Dünnhaupts waren Vertreter einer selbstbewussten Zunft. Sie alle haben den „Quedlinburger Sonderstil" im Fachwerk geschaffen.

Seine Leitform ist der Diamantschnitt der pyramidenförmigen Balkenköpfe, eine Form, die vielleicht von einer notwendi-

Brüstungssonne, Schiffskehle und rollenförmiger Balkenkopf kennzeichnen das 16. Jahrhundert.

gen Rationalisierung angesichts der angespannten Auftragslage diktiert gewesen ist. Sie verbreitete sich von Quedlinburg aus bald auch in anderen Orten der Region.

Die reichen Schnitzereien des 16. Jahrhunderts machten Andreaskreuzen, Rauten, Leitermotiven und Feuerböcken Platz. Aus zwei Beispielen, bei denen in den letzten Jahren barocke Fassadenmalereien freigelegt worden sind, ist auf eine formenreiche Farbgestaltung der repräsentativen Fachwerkbauten dieser Phase zu schließen.

Bei den schlichteren, stärker von Sachlichkeit und Funktionalität bestimmten Häusern des 18. und 19. Jahrhunderts werden die Farbtöne pastelliger und überziehen die gesamte Fläche einschließlich des hölzernen Gerüstes. Der modische Geschmack tendierte zur massiven Fassade, zumindest möchte man eine solche vortäuschen.

Längst sind die Lehmwände von Ziegelsteinausmauerungen der Gefache abgelöst worden. Ihre in unterschiedlichen Mustern eingesetzten Mauersteine beleben die sonst recht schlichten Fassaden. Historismus und Jugendstil griffen noch einmal den traditionellen Formenschatz des Fachwerks auf und verwendeten ihn als dekoratives Element an ihren steinernen Massivbauten.

Das Haus Neustädter Kirchhof 7 gehört in die Übergangsphase vom Geschoss- zum Stockwerkbau. Sein ältester Balken wird in das Jahr 1420 datiert.

Die Formensprache des reich verzierten Fachwerks lässt Deutungen auf seine Entstehungszeit zu. Brüstungssonnen, rollenförmige Balkenköpfe und tief ausgehöhlte Schiffskehlen sind dem 16. Jahrhundert zuzuordnen.

Adel und Marktadel
in Quedlinburg

Stuckrelief aus dem Salfeldtschen Palais

Im Vorgelände des Schlossberges entstanden mit dessen Ausbau zur Königspfalz unter Heinrich I. Wirtschafts- und Verteidigungsbauten. Zu ihnen gehörten die Freihöfe. Sie waren ursprünglich von Ministerialen – Adligen im Dienste des Herrschers – besetzt und mit besonderen Vorrechten ausgestattet.

Der wappengeschmückte Giebel des Freihofs im Mummental erzählt die Geschichte seiner früheren Besitzer.

Später wurden sie in den wachsenden Stadtorganismus integriert, wie beispielsweise der Fleischhof in der Word, der Wolrabische Hof in der Blasiistraße/Carl-Ritter-Straße mit Zugang

Der Advokat Johann Andreas Philipp Schenken und seine Ehefrau Christiane Margarete, geb. Klopstock, kauften 1781 den adligen Freihof im Mummental. 1874 übernahm der Bankier Georg Vogler das Anwesen.

In der Mummentalscheune wurde im 19. Jahrhundert Theater gespielt.

durch die enge Schluppe neben dem Brauhaus Lüdde oder der Löwenhof in der Hohen Straße 27. Etwas weiter entfernt, am heutigen GutsMuths-Platz, liegt der Freihof Mummental. Sein Name ist vermutlich von seiner Lage in der unmittelbaren Nähe zu einem Bodearm abgeleitet. „Mumme" nämlich bedeutet Schlamm oder Morast.

An der Giebelwand einer inzwischen zu Wohnzwecken ausgebauten alten Scheune sind zahlreiche Wappen dargestellt. Sie geben Auskünfte über die lange und wechselvolle Geschichte. Das oberste zeigt den Reichsadler und deutet damit an, dass die ersten Besitzer aus Reichsgut belehnt worden waren. Nachfolger sind die Grafen von Regenstein (Reinstein) gewesen.

Am 6. April 1335 kaufte die Äbtissin Jutta von Kranichfeld den zu Lehen vergebenen Freihof zurück. Sie hat die großen Scheunen zur Lagerung ihrer Naturalsteuereingänge aus Quedlinburg und Ditfurt gebraucht. Der Transport auf das Schloss ist wohl zu mühsam gewesen und wahrscheinlich hat auch der Platz dort nicht ausgereicht.

Fast dreihundert Jahre lang blieb der Mummentalhof im Besitz des Stiftes, bis ihn die Äbtissin Dorothea Sophia von Sachsen am 12. Mai 1619 an „unseren lieben getreuen Hansen Lauchen und seinen Leibeserben zu einem rechten Erbzinsgute" für 500 Taler verkaufte. Noch drei Jahre vor dem Verkauf des Freihofs müssen dort größere Abrissarbeiten erfolgt sein, denn Äbtissin Dorothea Sophia verfügte, das Abbruchmaterial vom Mummental auf das Schloss zu transportieren, um damit die baufällige Wohnung des Stiftshauptmannes zu reparieren. Die hatte sich damals im „Schlosskrug" im Bereich des heutigen gotischen Zimmers und Aurorazimmers befunden.

In den folgenden Jahrhunderten wechselten die Besitzer des Freihofs häufig. 1874 kaufte der Bankier und Stadtrat Georg Vogler das Anwesen und ließ zwei Jahre später das alte Gutshaus abreißen. An seiner Stelle entstand die jetzige Villa nach Entwürfen von Baurat Frühling aus Blankenburg, der auch das Wernigeröder Schloss umgebaut hat.

Nur wenige Meter vom Mummental entfernt lag der wesentlich jüngere Thalsche Hof. Er wurde 1894 abgerissen. An seiner Stelle entstand der Kaiserhof. Am Ziegelhof im Neuen Weg 7 befand sich im Mittelalter die Gerichtsstätte am Hohen Baum.

Die meisten der Freihöfe gruppierten sich im Westendorf um den Burgberg herum. An der Ecke Lange Gasse/Finkenherd lassen die Kellergewölbe und Brunnenanlagen unter den heutigen

Gebäuden die gewaltige Ausdehnung dieser alten Anlagen erahnen. Das 1597 an dieser Stelle errichtete Wohnhaus des Stiftshauptmannes Vitzthum von Eckstedt und seiner Frau Maria von
Hagen mit dem wappengeschmückten Eingangsportal füllt nur
einen Bruchteil des einstigen Areals.

Während der Regierungszeit der Äbtissin Anna II. von Stolberg (1516–1574) wurde die Residenzstadt Quedlinburg auch
für den Landadel der Umgebung attraktiver. Viele verließen ihre
angestammten Güter und zogen in die Stadt. So auch der Frei-
herr Christoph von Hagen aus Hadmersleben, der zwischen
Bockstraße und Klink, dicht hinter der Alt- und Neustadt tren-
nenden Mauer, einige ältere Häuser aufkaufte und abreißen ließ.
An ihrer Stelle entstand Mitte des 16. Jahrhunderts das präch-

tige, stadtbildprägende Renaissancepalais. Es verfügte bereits über eine zentrale Wasserleitung. Sie bestand aus der Länge nach durchbohrten Baumstämmen und führte aus Richtung Heiliger Brunnen/Gröpern durch die Schmale Straße zum Grundstück der freiherrlichen Familie.

In der Hohen Straße 6 durchbricht ein in die Straße vorspringender barocker Massivbau die Flucht der Fachwerkhäuser. Über dem Portal trägt er das Wappen seiner einstigen Besitzer. Darunter findet man die Jahreszahl 1704 und den Namenszug der Sophia Johanna Angelica von Luder, geborene Velhagen, Gattin eines Kammerrates im Dienste des kurbrandenburgischen Schutzherren.

Alle diese Freihöfe und Adelshäuser gehörten zur sogenannten „Freien Kommune", einer Sondergemeinde mit speziellen Privilegien. Für ihre Mitglieder galt allerdings die Einschränkung, auf kaufmännische und gewerbliche Tätigkeiten verzichten zu müssen.

Von der Mitte des 18. Jahrhunderts an gewann das Bürgertum zunehmend wirtschaftlichen und kulturellen Einfluss in der Stadt. Neben den Geburtsadel trat der Quedlinburger „Marktadel" aus selbstbewussten Kaufleuten und Unternehmern. Sie kamen meist aus alteingesessenen, wohlhabenden Familien, die

Der Stein über der Eingangstür zur Mummentalscheune zeigt die Initialen des Ehepaars Schenken.

Die repräsentative Sandsteinfassade des Salfeldtschen Palais prägt den Straßenzug am Kornmarkt. Es wird heute für Konzerte und Ausstellungen genutzt.

über Generationen das Bild der Stadt prägten. Oft waren sie miteinander verwandt oder verschwägert. Ihre Häuser waren stattlich und konnten mit denen des Adels durchaus konkurrieren.

Wer heute an der barocken Sandsteinfassade des Salfeldtschen Palais am Kornmarkt bewundernd emporschaut, vermutet als Bauherren nicht unbedingt einen bürgerlichen Ratskämmerer. Das die Straßenfront beherrschende Gebäude mit dem wappenbekrönten Portal und den als Drachen ausgebildeten Wasserspeiern an der Dachtraufe gleicht einem Adelssitz. Die feingliedrigen Stuckdecken, die Wand- und Kamindekorationen im Inneren verstärken diesen Eindruck noch.

Der Bauherr Röttger Salfeldt, Sohn des Bürgermeisters Eckhard Salfeldt, entstammte einer der wohlhabendsten Familien der Stadt. 1737 erteilte er den Auftrag zum Bau des Gebäudes. Es diente vermutlich in erster Linie repräsentativen Zwecken. Als eigentliches Wohngebäude nutzte er mit Frau und zehn Kindern das Nebenhaus Kornmarkt 6. Obwohl es einige Jahre vor dem Palais entstanden ist, zeigt es die moderneren Bauformen des Rokoko.

Zu den erfolgreichen Kaufleuten und Unternehmern im Quedlinburg des 18. Jahrhunderts gehörte die Familie Kranz. Von seinem Schwiegervater Georg Andreas Schulze, dem Bürgermeister der Altstadt, übernahm der

Blick auf die
Hoffassade des
Palais Salfeldt

Den Musiksaal
des Salfeldtschen
Palais schmücken
filigrane Stuck-
arbeiten.

Stuckierter Kamin im Vorraum

Über den Gewölben eines alten, jetzt als Weinkeller genutzten Speichers ist ein modernes Kongresszentrum entstanden.

Kommerzienrat Johann Heinrich Kranz das stattliche Bürgerhaus „um den Markt Nr. 77", das heutige Grünhagenhaus. Im Schoßansatzregister (Steuerverzeichnis) ist es mit einer Gewürz- und Tuchhandlung als Brauhaus eingetragen. 1776 gingen Haus und Geschäft an seinen Sohn Johann Andreas Jacob Kranz über. Aus dessen Feder stammen Aufzeichnungen, die ein wichtiges Stück Zeitgeschichte sind.

Sie zeichnen ein lebendiges Bild der persönlichen Lebensumstände, beruflichen Erfolge und gesellschaftlichen Ereignisse der kleinen Residenzstadt unter dem Regiment des Stiftes. Der Verfasser hat ihnen den Titel gegeben: „Anmerkung von denen wichtigsten Begebenheiten, welche mir im Leben getroffen, zur Nachricht für meine Nachkommen aufgezeichnet. Johann Andreas Kranz, Bürger, Kauf- und Handelsmann".

Sein Bericht beginnt so: *Nachdem sich mein Vater, der Kauf- und Handelsmann Johann Heinrich Kranz mit Jungfer Katharina Friederika Scheelen Anno 1740 im Monath Junii verheyrathet hat, so bin ich die erste Frucht ihrer Liebe geworden und ich bin gebohren 1741 d. 19. Mai des Freitages vor Pfingsten …*

Als dreijähriges Kind hatte Johann Andreas einen schweren Verkehrsunfall – obwohl noch keine schnellen Autos die holprigen Straßen unsicher machten. Bei einer Fahrt mit der Pferdekutsche zum Vogelschießen auf dem Kleers fiel er aus dem

Fensternischen im Salfeldtschen Palais

Wagen und wurde von den Hinterrädern überrollt. Fast ein Dreivierteljahr lang waren Doktor und Barbier um ihn bemüht, ehe er wieder laufen konnte. Mit sieben Jahren gaben ihn seine Eltern zur Erziehung zu einem Onkel, dem Pastor Sonnewaldt in Frose. Da aber seinen eigenen Angaben zufolge der Umgang mit den Bauernjungen seine Sitten verdorben hatte, erhielt er noch ein Jahr lang Privatunterricht nach seiner Rückkehr, bis er im Alter von 13 Jahren bei seinem Vater in die Lehre kam.

Mit 19 sollte er selbstständig eines der Geschäfte übernehmen und nach dem Wunsch seiner oft von Koliken geplagten Mutter möglichst rasch heiraten. Als sie bald darauf starb, schlossen Vater und Sohn einen Gesellschaftervertrag und wirtschafteten künftig gemeinsam – beruflich wie auch privat. Der von Männern dominierte Haushalt blieb wohl in den nun folgenden 13 Jahren das entscheidende Heiratshindernis.

Das Haus Grünhagen am Quedlinburger Marktplatz war im 18. Jahrhundert im Besitz der Kaufmannsfamilie Kranz.

Johanne Maria Kranz, geb. Schacht, und
ihr Ehemann Johann Andreas

Johann Andreas Kranz drückte das wie folgt aus:

*Wann ich mich allein etablieren und meine eigene Hausshal-
tung anfangen, ein separates Hauss kauffen wollte, so wäre
man geneigt, das Bündniss zu schliessen, bei meinem Vater-,
Gross-Vater und Tante wollte sich keine in Gemeinschaft bege-
ben.*

In seiner Aufzählung unerwähnt bleibt ein Bruder, der ebenfalls mit im Haus wohnte. Schließlich nahm Vater Kranz die
Sache in die Hand und ließ nach einem wiederum misslunge-
nen Versuch den Kastellan Klentz für seinen Sohn um die Hand
der Demoiselle Schacht werben.

Ein erstes Treffen fand auf dem Schloss statt. Mit Zweifeln
und Ängsten, es könnte wieder schiefgehen, trat der nicht mehr
ganz junge Bräutigam in spe den Weg auf den Burgberg an:
*Mein Bruder begleitete mich den Sontag Abend durch den
Brühl, und nahm im Abtey-Garten brüderlichen Abschiedt mit
viellen Seegenswünschen begleitet, ich schlich rauf mit einen
pochenden Hertzen auf das Schloss, untern Thore empfing mich
d. H. Castellan der Abrede gemäss, und führte mich durch ver-
schiedene Zimmer, bis in dasjenige, wo ich diejenige mit Ihrer
Mama fand, welche mir die Liebste in meinem Leben geworden
ist.*

Johanne Maria Schacht zog nach der Hochzeit am 30. Oktober 1776 zu ihm in das stattliche Haus am Markt. Die jung Ver-
mählten bekamen die Chance, einen eigenen Hausstand zu

Die Fassade des klassizistischen Wohnhauses in der Langen Gasse 22 zieren Darstellungen der Tierkreiszeichen.

gründen, wie sich das die Braut ausbedungen hatte. Vater Kranz kaufte sich ein Grundstück in der Hohen Straße. Dort lebte er im Ruhestand mit dem zweiten Sohn und seiner Schwester. Johann Andreas übernahm allein die Geschäftsführung. Von den Messen in Leipzig und Frankfurt am Main kam er mit günstigen Abschlüssen zurück. Die Geschäfte gingen gut. Der Wohlstand wuchs. Vier Kinder wurden geboren.

1786 standen Reparaturarbeiten am Haus an. Sie nahmen größere Ausmaße an, als man geplant hatte. Die Straßenfront, die ursprünglich aus Fachwerk bestand und einen Erker hatte, musste völlig erneuert werden. Der Hausherr berichtet:

1786 wollte ich die Stube in der 2ten Etage ausdiehlen lassen und fand, dass die Vorderwand verfaulet war, da ich nicht gewillet war, einen Haupt-Bauh vorzunehmen, so wurde zuerst nur die 3 Fensterbreite Wand eingerissen, bey der Untersuchung aber entdeckte es sich, das die ganze Vorderwand gelitten hatte und nicht länger stehen bleiben konnte, es half also nichts, ich musste mich den Bau unterziehen und da ich nun einmaln bauhete, so bauhete ich schön, so dass mein Hauss, nachdem es fertig war, für eines der besten in der Stadt gehalten wurde.

Die schöne, damals entstandene Fassade ziert noch heute den Quedlinburger Marktplatz.

Auf dem Hof ließ Johann Andreas Kranz zur gleichen Zeit „ein recht schönes Lusthaus" (das heutige Einwohnermeldeamt) errichten und gleichzeitig ein baufälliges Gebäude an der Hölle abreißen. Zwischen beiden lag ein Garten, der dem Kaufmann Hahn aus der Breiten Straße gehörte. Kranz wollte diesen Gar-

Blick in den Hof des Grünhagenhauses

In der Kalandskapelle der Marktkirche stehen die lebensgroßen Grabsteine des Freiherrn Christoph von Hagen und seiner Ehefrau Margarete.

ten gern kaufen. Das war aber wegen gewisser erbrechtlicher Probleme nicht möglich. Um einen kostspieligen Prozess zu vermeiden, einigte man sich auf einen Pachtvertrag. Das neue, ohne Genehmigung gebaute Lusthaus stand also auf unsicherem Boden.

Die zuständigen Stellen reagierten prompt:

Es (das Lusthaus) war noch nicht ganz fertig, so lehnte sich der Magistrat und die Fürstl. Regierung dawieder auf, ich liess die erste Hitze verrauchen und biss jetzt, da seitdem zwei Jahr verflossen, bin ich in ruhigen Besitz geblieben und hoffe von der Zukunft das beste.

Das ist eine Verfahrensweise, die sich nicht nur im Fall des Johann Andreas Kranz bewährt hat! Seine Familie spielte im wirtschaftlichen und auch im gesellschaftlichen Leben der Stadt und des Stiftes eine Rolle. Das Bürgertum war hoffähig geworden. Das zeigte sich auch beim Amtsantritt der Äbtissin Sophie Albertine, einer schwedischen Prinzessin, deren Mutter eine Schwester Friedrichs II. und der Äbtissin Anna Amalia war. Nach dem Tod ihrer Tante folgte sie ihr 1787 im Amt.

Johann Andreas Kranz schildert als Augenzeuge die Huldigungsfeierlichkeiten auf dem Marktplatz:

Ihr Aufzug war sehr brillant, mein Hauss genoss die Ehre, dass die Regierende und Frau Wittwe Hertzogin von Braunschweig, Schwester des grossen Königs Friedrich des 2.ten nebst ihren Neveu (Neffen) Erbprinzen zu Braunschweig, besuchet zu werden, da ich Ihnen dan für sich und Ihrer Suite (ihrem Gefolge) die Stube rechter Hand zum Zusehen einräunte, für diese meine attention (Aufmerksamkeit) liess mich die Abatissin durch Ihren Hoffmarschall H. von Thun danken, des abends waren vielle Häuser in der Stadt illuminirt, der Hoff fuhr herum und nahm solche in Augenschein, man hat mir versichern wollen, dass meine illumination mit den erstern Beyfall erhalten habe. 1788 im Monath Juni reisete die Princessin mit ihrer Suite nach Schweden zurück, wenigere Tage zuvor erwiess Sie mir die Gnade, daß sie mich mit meiner Frau zu Hofe bitten liess, wo wir in dem audiensgemach und in Geselschafft ihrer 3 Cammer Frauens, denen H. Stiffts Räthen und ihren Frauens, auch einigess zu ihrer Suite gehörigen Personen, fürstl. nach Hoffgebrauch tractieret wurden, meinen guten Bruder, den Stadt Richter, ernante Sie zum Beweiss ihrer gnädigen Zufriedenheit zum Justizrath mit Sitz und Stimme in Regierungs Geschäfften.

1794 brechen die Tagebuchaufzeichnungen des Johann Andreas Kranz ab. Der Verfasser starb 1808. Das Haus am Markt erbte sein Sohn Johann Heinrich Kranz. 1831 ging es an dessen Töchter über. Zwanzig Jahre später verkauften sie es an ihre Cousine Henriette Caroline Grünhagen, die es an ihren Sohn, den Fabrikanten Johann Carl Grünhagen, weitergab. Dessen Frau Anna, geb. Besser, hinterließ 1909 das Gebäude der Stadt Quedlinburg mit der Maßgabe, es künftig „Haus Grünhagen" zu nennen.

Ein Löwe als Schildhalter ziert den Treppenaufgang im Grünhagenhaus.

Der „Weiße Engel"

Stuck im Fachwerk

Die Eingangshalle des „Weißen Engels"
dient Ausstellungszwecken.

vorige Seite: Szene aus der Tobias-
Geschichte an der Stuckdecke im
„Weißen Engel"

Bild 1: Der alte Tobias sitzt schlafend
vor seinem Haus. Aus einem der drei
Schwalbennester über seinem Kopf fällt
Kot in seine Augen und lässt ihn erblin-
den. Seine Frau Hanna, die durch
Spinnen zum Lebensunterhalt der
Familie beiträgt, steigt im Hintergrund
mit einem Lamm unter dem Arm die
Treppe hinauf.

An der Ecke von Langer Gasse und Altetopfstraße steht der
„Weiße Engel". Jeder Besucher Quedlinburgs, der vom Parkplatz
an der Carl-Ritter-Straße zum Schloss geht, kommt daran vorbei. Jedem, der von dort durch die Hohe Straße ins Stadtzentrum möchte, fällt das stattliche Eckhaus mit dem Fachwerkaufbau über einem massiven Untergeschoss auf.

Die städtebaulich bevorzugte Lage gewinnt noch größere
Bedeutung, wenn man sich die historischen Verhältnisse ver-
deutlicht. Dem „Weißen Engel" gegenüber zieht sich die Mauer
der Altstadt entlang. An der Einmündung der Hohen Straße bildete das Hohe Tor die Nahtstelle zwischen Stadt und Schlossbezirk, dem vom Freiweltlichen Damenstift verwalteten und von
der Äbtissin abhängigen Westendorf.

Wie die bei den Restaurierungsarbeiten der Jahre 1982/86
gemachten Baubefunde zeigen, hat bereits im Mittelalter ein
quadratischer Turm aus Bruchsteinmauerwerk an dieser expo-
nierten Stelle gestanden. Das Erdgeschoss des heutigen Gebäudes mit seinen wieder hergestellten Renaissanceformen ist
um 1600 entstanden. Im zweiten Drittel des 17. Jahrhunderts,
vermutlich als kurz nach dem Ende des Dreißigjährigen Krieges
in Quedlinburg eine rege Bautätigkeit einsetzte, wurde das
Fachwerkobergeschoss errichtet – eine für die hiesige Gegend
seltene Kombination.

Der „Weiße Engel" war früher Gasthof und Ausspann. Ob er
bereits zu diesem Zweck gebaut worden war, ist nicht aktenkun-
dig. Viele Anzeichen aber sprechen dafür. Die Äbtissin unterhielt
im Westendorf eine Herberge für vornehme Gäste des Stiftes.
Warum sollte diese nicht an der wichtigen Zufahrtsstraße
unmittelbar am Eingang zum Schlossbezirk gelegen haben,
gleich neben der angrenzenden Stiftsapotheke?

Die Baubefunde weisen im Obergeschoss einen großen Saal
aus, wie er für Gasthöfe üblich war. Einen weiteren wichtigen
Hinweis auf die gastronomische Nutzung gibt die Themenwahl
für die Gestaltung der Stuckdecke im Obergeschoss. Sie hat eine
Reisegeschichte zum Inhalt. Diese Stuckdecke ist das bedeutendste architektonische Element des Gebäudes. Nicht zuletzt
gab sie den Ausschlag für den Erhalt und die aufwendige Restaurierung des Hauses im Jahre 1984. Die fast vollplastischen

Bild 2: Vater Tobias, durch seine Krankheit verarmt, schickt seinen Sohn nach Rages, um von Gabael das geliehene Geld zurückzufordern. Als Führer und Gefährte begleitet ihn Asarja. Der junge Tobias ahnt nicht, das Asarja in Wahrheit der Erzengel Raphael ist. (Dieser in weißem Stuck ausgeführte Engel hat vermutlich dem Haus seinen Namen gegeben.) Der Sohn verabschiedet sich vom Vater und von der weinenden Mutter. Sein Hündchen geht mit ihm auf die Reise.

Bild 3: Nach einem Tagesmarsch erreichen Tobias und Asarja-Raphael den Tigris und werden dort von einem großen Fisch bedroht. Auf Anweisung des Engels fängt Tobias ihn und nimmt seine Innereien an sich.

Bild 4: In Ekbatana in Medien kehren beide bei den Verwandten von Tobias ein und werden von dessen Onkel Raguel und seiner Frau Hanna begrüßt. Raphael befiehlt Tobias, um die Hand seiner Cousine Sara anzuhalten, der bereits sieben Verlobte kurz vor der Hochzeit gestorben sind. - Im Hintergrund wird das junge Paar getraut.

Bild 5: Tobias und Sara knien in der Hochzeitsnacht betend vor dem Brautbett, nachdem Tobias zuvor Herz und Lunge des Fisches aus dem Tigris auf einem Holzfeuer geröstet hat. Der Rauch vertreibt den bösen Geist Asmodi. Er war schuld am Tod der sieben Heiratskandidaten. Erzengel Raphael verbannt ihn in die Wüste.

Bild 6: Nach der Hochzeitsfeier tritt das junge Paar, geleitet von Raphael, der inzwischen auch das verliehene Geld von Gabael zurückgeholt hat, die Heimreise an. Die Szene im Hintergrund zeigt die Ankunft in Ninive. Mit der Galle des gefangenen Fisches heilt Tobias die Blindheit seines Vaters. Der Erzengel entschwebt nach erfüllter Mission in den Himmel.

Nosce te ipsum (Erkenne dich selbst)

Neben dem „Weißen Engel" wird in der Langen Gasse 30 von der Lebenshilfe die Kaffeerösterei „Samocca" betrieben.

Stukkaturen sind in ihrer Art für Quedlinburg einmalig und in Fachwerkhäusern sehr selten.

In künstlerischer und thematischer Darstellung Ähnliches findet sich in Cleve, Clausthal-Zellerfeld und Wildemann. Im Gasthaus „Großer Kurfürst" in Cleve hat der Künstler sein Signum hinterlassen: Jan Hansche aus Amsterdam. 1677 hat er sein Werk vollendet. Auch die übrigen Stuckdecken sind zwischen 1648 (Wildemann) und 1677/82 (Zellerfeld) entstanden. Die Datierung in diesen Zeitraum trifft auch für den „Weißen Engel" zu.

Die Decke des 51 Quadratmeter großen Raumes ist in zwölf Felder von 115 x 80 cm gegliedert. Bei den Restaurierungsarbeiten am Gebäude mussten 1984 die direkt mit der Decke verbundenen Stuckreliefs heruntergenommen werden, da die tragenden Balken schadhaft waren. Dabei konnte ihr Aufbau genau untersucht werden.

Der Stuck, ein Gemisch aus Gips und Kuhhaaren, war direkt an die mit Stroh und Lehm umzogenen Wickelstaken (gespaltene Hölzer) angeformt worden. Die Staken liegen auf den Balken auf und bilden die Decke. Die reliefartig, teils vollplastisch aus den Feldern herausragenden Figurenteile wurden zusätzlich mit eingelegten Bleistreifen stabilisiert.

Die zwölf Bilddarstellungen sind unterschiedlichen Themenkreisen entnommen und weichen auch stilistisch stark voneinander ab. Die ersten sechs illustrieren eine biblische Geschichte aus dem Buch Tobias, Kapitel 1–14, des Alten Testaments (Apokryphen).

Erzählt wird die Lebensgeschichte des Juden Tobias aus Thisbe in Galiläa, der mit Frau und Kind in assyrische Gefangenschaft gerät und nach Ninive verschleppt wird. Unter König Salmanasser genießt er gewisse Vorrechte und Freiheiten, die er nutzt, um seinen mitgefangenen Stammesbrüdern zu helfen. So leiht er Gabael in Rages 10 Pfund Silber. Unter dem Nachfolger Salmanassers fällt Tobias in Ungnade, wird enteignet, zum Tode verurteilt und muss fliehen. Erst nach der Ermordung des Königs kann der gottesfürchtige Mann in sein Haus in Ninive zurückkehren.

Die Art der Darstellung ist noch dem Stilempfinden der Zeit vor dem Dreißigjährigen Krieg verhaftet und erinnert an die Augsburger Bilderbibel des Kupferstechers Johann Ulrich Krausen (1645–1719). Eine solche Bilderbibel wird vermutlich die Vorlage für das Musterbuch des Stukkateurs gewesen sein.

Die zweite Deckenhälfte füllen allegorische Darstellungen. Üppige Frauengestalten verkörpern die fünf Sinne. Unter dem Motto „Nosce te ipsum" (Erkenne dich selbst) steht das sechste Feld. Thema und barocke Gestaltungsformen lassen hier eine ganz neue Gedankenwelt erkennen.

Gustus – Früchte in den Händen der üppigen Frauengestalt, ein von Äpfeln und Trauben überquellender Korb, vor dem ein Äffchen hockt, verkörpern den Geschmack.

Olfactus – Der Geruch wird symbolisiert durch eine Frauengestalt, die an einem Strauß in ihrer erhobenen rechten Hand riecht. Auch die linke hält Blumen. Ein Hund als Tier mit besonders feinem Geruchssinn unterstreicht die Aussage des Bildes.

Tactus – Das Gefühl wird dargestellt durch eine schreitende Frauengestalt mit tastend ausgestreckter Hand. Das Tuch über ihrer Schulter ist von einem Windhauch gebläht. Um ihren nackten Fuß winden sich Schlangen. Schildkröte und Spinne sind weitere kennzeichnende Symbole.

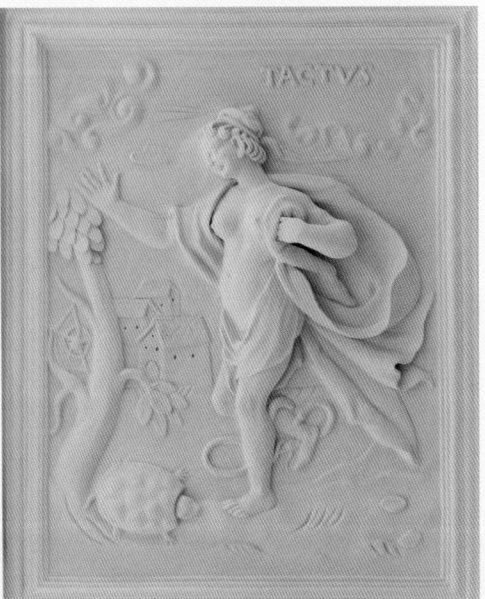

Maria Aurora von Königsmarck

Ein Meisterstück des Himmels

Es ist nicht verwunderlich, dass Männer die Schönheit einer
Frau rühmen. Erstaunlicher ist es, wenn eine Frau das tut, noch
dazu völlig neidlos. Sophie Elisabeth Brenner, eine schwedische
Dichterin der Barockzeit, schreibt 1687 über ihre Landsmännin,
die Gräfin Aurora von Königsmarck:
Wer Euch, mein Fräulein kennt,
beschauet und betrachtet,
hat wohl ein Meisterstück des Himmels angeblickt,
in dem sich die Natur verschwenderisch erwiesen
uns aller Gaben Zier in eine Brust gesenkt.
Was stückweis anderwärts und einfach wird gepriesen,
das hat der Himmel Euch vollkommen ganz geschenkt.

Maria Aurora von Königsmarck ist der Nachwelt als Mätresse
Augusts des Starken in Erinnerung geblieben. Aber das allein
wird ihrer Persönlichkeit in keiner Weise gerecht. 28 Jahre lang
war sie Pröpstin des Kaiserlichen Freiweltlichen Frauenstiftes in
Quedlinburg und mit Sicherheit eine der schönsten und brillan-
testen Frauengestalten in diesem Amt.

Das Gemälde im Thronsaal des Schlossmuseums zeigt Äbtissin Marie Elisabeth
von Holstein-Gottorp mit ihren Stiftsdamen.

Aurora kam aus einer Familie des schwedischen Hochadels. Sie wurde am 28. April 1662 in Stade geboren. Am Ende des Dreißigjährigen Krieges hatte ihr Großvater Hans Christoffer von Königsmarck die Herzogtümer Bremen und Verden zwischen Elbe und Weser für die schwedische Krone erobert. Stade wurde Residenz und Verwaltungssitz der neuen schwedischen Provinzen, General von Königsmarck ihr Statthalter.

1630 trat der 1600 in der Prignitz geborene Hans Christoffer in schwedische Dienste. Er wurde später zum Reichsrat und Feldmarschall ernannt. Wenn auch die lokale Quedlinburger Geschichtsschreibung ihm wohl zu Recht ein sehr negatives Image verleiht, gehörte er doch zu den bedeutendsten und hoch gebildeten Persönlichkeiten seiner Zeit.

Er war Mitglied der schwedischen Akademie der Wissenschaften und der 1617 in Weimar gegründeten „Fruchtbringenden Gesellschaft zur Förderung der deutschen Sprache". Als Heerführer war er allerdings keineswegs zimperlich. Im Vergleich zu den 600 Stück Beutekunst an Gemälden, Skulpturen, Handschriften und Instrumenten, die er 1648 aus der Prager Burg an die schwedische Krone übersandte, ist die Mitnahme des Raubgrafenschwertes nur ein kleiner Fisch.

Etwas außerhalb seines Amtssitzes in Stade ließ er die Agathenburg bauen, ein barockes Schloss. Benannt ist sie nach seiner Gemahlin Maria Agathe. Hier ist Aurora zusammen mit drei Geschwistern aufgewachsen. Nach dem Tod des Vaters 1673, der als General in holländischen Diensten gestanden hatte, zog die Mutter, eine geborene von Wrangel, mit den Kindern nach Hamburg. Von 1680 bis 1691 lebten die Königsmarcks in Stockholm, wo sich ihnen alle Türen am schwedischen Königshof öffneten.

Besonders die Schwestern Maria Aurora und Amalie Wilhelmine, die spätere Gräfin Löwenhaupt, waren umschwärmte Mittelpunkte glänzender Hoffeste und Bälle. Aurora soll sechs Sprachen beherrscht haben, spielte Gambe und sang sehr gut. Die schwedische Königin Ulrike nannte sie „unsere schwedische Nachtigall".

Gemeinsam mit ihren ebenfalls künstlerisch begabten Cousinen Ebba Maria und Johanna Eleonore de la Gardie malten, dichteten und musizierten die königsmarckschen Töchter. Es entstand eine Sammlung von Psalmen und Gedichten unter dem Titel „Nordischer Weihrauch". Eine Abschrift befindet sich im Schlossmuseum in Quedlinburg.

1684 wurde die schöne Aurora zum Auslöser für ein Duell zwischen dem schwedischen Grafen Axel Sparre und dem Gardeleutnant Claes Gustav Horn. Das hatte einen Prozess zur Folge, bei dem Aurora aussagen musste. Das spurlose Verschwinden Horns beendete schließlich das Gerichtsverfahren. Will man Auroras Biografen Graf Birger Mörner glauben, war der 1663 in Reval geborene Sohn des schwedischen Feldmarschalls Bengt Horn der einzige Mann, den sie wirklich geliebt hat. Der Schwärmer und Abenteurer soll auch später noch einmal kurz ihren Lebensweg gekreuzt haben.

Nach dem Tod der Mutter kehrte Aurora gemeinsam mit ihrer inzwischen verheirateten Schwester nach Hamburg zurück. Es begann ein unruhiges Reiseleben, das sie 1692 auch nach Quedlinburg führte. War ihr damaliger Besuch bei der Äbtissin Dorothea schon ein erstes Vortasten auf ein Amt im Quedlinburger Frauenstift, das ihr ein selbstständiges, finanziell abgesichertes Leben ermöglichen würde?

Ihre Familie befand sich zu jener Zeit bereits in einer schwierigen wirtschaftlichen Lage. Die Reduktionspolitik der schwedischen Krone machte ihr schwer zu schaffen. Seit 1680 versuchte der Königshof zur Konsolidierung seiner Finanzen ehemals verschenkte

Güter zurückzufordern. Das traf die Königsmarcks schwer. Von Bruder Phillip, der das Erbe verwaltete, aber recht leichtsinnig damit umging, war nicht viel zu erwarten. Keiner der Königsmarcks hatte es je gelernt, das gewohnte Leben in Glanz und Reichtum einzuschränken, auch als die finanzielle Basis dafür nicht mehr vorhanden war.

Das spurlose Verschwinden Phillips vom Hof von Hannover, mit dessen Kurprinzessin Sophie Dorothea er zarte Bande geknüpft hatte, war Anlass für Auroras Reise nach Dresden. Da Phillip als Oberst in sächsischen Diensten gestanden hatte, erhoffte sie sich von August dem Starken Hilfe bei der Suche nach dem Verschollenen. Da August Schutzherr des Quedlinburger Frauenstiftes war, wollte sie ihn wohl auch als Fürsprecher für ihre eigenen Pläne gewinnen. Beide Anliegen aber blieben erfolglos.

Stattdessen wurde die schöne junge Frau die erste Mätresse Augusts. Sie erhielt ein Haus, eigene Dienerschaft und Unterhaltszahlungen. Als glänzender Mittelpunkt der Hofgesellschaft erlebte sie Bälle, Jagden, Maskeraden und andere Vergnügungen. Aber bereits nach

einem Jahr war die Beziehung zu August beendet. Allerdings blieb sie nicht ohne Folgen.

Am 28. Oktober 1696 wurde in einem Bürgerhaus in Goslar Auroras Sohn Moritz geboren. Fast zur gleichen Zeit brachte die Gemahlin Augusts, die Kurfürstin Christine Eberhardine, den Thronfolger zur Welt.

Aurora, die sich schon vor der Geburt von Moritz mehrere Monate in Quedlinburg aufgehalten hatte, wurde 1698 als Koadjutorin und zwei Jahre später als Pröpstin des Stifts eingeführt. Der 1698 erfolgte Wechsel im Schutzherrenamt erschwerte ihre Pläne, Äbtissin zu werden, ebenso wie die Feindschaft der Gräfinnen von Schwarzburg, die als Stiftsdamen auf dem Quedlinburger Schlossberg lebten. Sie hatten nicht nur zu Aurora, sondern auch zu Äbtissin Anna Dorothea ein recht gespanntes Verhältnis.

Nach der feierlichen Einführung als Pröpstin zog Aurora im Mai 1700 in die Gebäude an der Südseite des Schlosses ein. Nach einem Brand in der Mitte des 19. Jahrhunderts sind sie abgerissen worden. Ihr neues Amt bot Aurora eine finanzielle Absicherung, konnte aber die Kosten für den gewohnten Lebensstil nicht

An der Südseite des Schlossbergs hinter der Stiftskirche standen bis zur Mitte des 19. Jahrhunderts die Gebäude der Propstei, in denen Aurora während ihrer Quedlinburger Zeit wohnte. Sie sind später abgebrannt.

Maria Aurora von Königsmarck mit ihrer Schwester, der Gräfin Löwenhaupt (Gemälde im Schlossmuseum)

decken. Die Pröpstin hinterließ bei ihrem Tod 1728 einen beträchtlichen Schuldenberg. Auch von Quedlinburg aus war sie sehr oft gereist und hatte Kontakte zu vielen Fürstenhöfen unterhalten. Zu ihren langjährigen Freunden und Verehrern gehörte Herzog Anton Ulrich von Braunschweig.

Nach Ausbruch des Nordischen Krieges war Aurora im Auftrag Augusts ins schwedische Feldlager unterwegs, um ein Schreiben mit einem Friedensangebot an Carl XII. zu überbringen. Es gelang ihr nicht, eine Audienz bei ihm zu bekommen. Die diplomatische Mission blieb erfolglos.

In ihren letzten zehn Lebensjahren reiste Aurora nur noch selten. Gesundheitliche Probleme verhinderten es. Sie wurde von Wassersucht, Asthma und Herzbeschwerden geplagt.

Am 16. Februar 1728 ist sie in ihrer Propstei in Quedlinburg gestorben. Weil das Geld für eine standesgemäße Beerdigung fehlte, fand sie erst ein Jahr nach ihrem Tod in der sogenannten Fürstengruft unter dem südlichen Seitenschiff der Stiftskirche ihre letzte Ruhestätte.

Ihr Sohn Moritz von Sachsen, der mit 14 Jahren von seinem Vater anerkannt worden war, hatte nach einem bewegten Leben eine glänzende Karriere als Feldmarschall von Frankreich gemacht. Seine Enkelin war die Baronin Aurore de Dudevant, die unter ihrem Künstlernamen George Sand besser bekannt ist. Ebenso klug, gebildet und schön wie ihre Urgroßmutter Maria Aurora von Königsmarck, hatte sie von ihr wohl auch die Sehnsucht nach einem unabhängigen, selbstbestimmten Leben in die Wiege gelegt bekommen.

Barocke Gartenpracht

vorige Seite: Blick vom Schlossgarten auf den Treppenturm des Residenzbaus

An der Ostseite des Felsplateaus erstreckt sich der barocke Schlossgarten.

Im April 1756 berichtete die Herzogin Charlotte von Braunschweig über einen Besuch bei ihrer Schwester, der preußischen Prinzessin Anna Amalia, die Äbtissin des Quedlinburger Frauenstiftes war:

Sie hat mich in der ganzen Abtei herumgeführt und wir haben in ihrem Garten Tee getrunken. Sie ließ Kaskaden springen wie in Versailles und Marly und wir sind durch den Garten gegangen, in dem es herrliche Ausblicke gibt. Die Gegend von Quedlinburg ist charmant.

Das Quedlinburg des 18. Jahrhunderts soll ein kleines Versailles gewesen sein? Das ist kaum vorstellbar. Und doch fallen die großen barocken Gartenanlagen unterhalb des Schlossberges auf, wenn man sich den voigtschen Stadtplan aus dem Jahre 1782 anschaut. Wie ein grüner Gürtel legen sie sich mit ihren buchsbaumgesäumten Beeten und Rondellen, ihren Lusthäuschen und Wasserspielen im weiten Bogen um die felsige Höhe. Deren Oval von etwa 110 x 50 Metern Ausdehnung war in

Putte im Schlossgarten: der Frühling

oben rechts: Der Jägergarten an der Nordseite der Schlossgebäude. Hier steht auch der von Fontane beschriebene Grabstein für einen Hund.

der damaligen Zeit wesentlich dichter bebaut als heute und bot nur wenig freien Raum für barocke Gartenträume seiner adligen Bewohnerinnen.

An der Nordseite schoben sich die Gebäude der Hauptmannei und der Stiftsregierung weit nach Osten in den Schlossgarten vor. An der Südseite lagen die Wohn- und Wirtschaftsbauten der Propstei. Der spätere Kräutergarten war zum Teil von einem Pferdestall überbaut.

Zu den verbleibenden gärtnerisch genutzten Flächen gehörte die kleine Anlage mit einem barocken Wasserbecken im Ostteil. In alten Unterlagen wird sie als „kleiner Abteigarten" bezeichnet. Ebenso ordnete sich ein weiterer bescheidener Garten an der südlichen Schlossmauer der Propstei zu. Die Terrasse nördlich des Residenzbaus unmittelbar über dem Aufgang findet im 18. Jahrhundert als „fürstlicher Garten" Erwähnung – später als „Jägergarten". Sie war mit Bäumen bestanden.

Äbtissin Anna Sophia I., Pfalzgräfin bei Rhein, hatte hier im 17. Jahrhundert einen Grabstein für einen Hund errichten lassen. Die französische Inschrift rühmt die Treue des verstorbenen Vierbeiners, welcher der Überlieferung nach das Schloss vor einem Brand gerettet haben soll, und erregte die Aufmerksamkeit Theodor Fontanes bei einem Besuch des Quedlinburger Schlosses im Jahre 1884. Er verarbeitete dieses Erlebnis in seinem Roman „Cécile":

Was aber das Auge Céciles bald ausschließlich in Anspruch nahm, war ein Sandsteinobelisk von mäßiger Höhe, der, halb in dem Schlossunterbau drinsteckend, hautreliefartig aus einer alten Mauerwand vorsprang. Der Sockel war mit Girlanden ornamentiert und schien auch eine Inschrift zu haben.

„Was ist das?" fragte Cécile.

„Ein Grabstein."

Auf der Sandsteinmauer hinter dem Wasserbecken begrüßen kleine Putten den Besucher.

„Von einer Äbtissin?"

„Nein, von einem Schoßhündchen, das Anna Sophie, Pfalzgräfin von Rhein und vorletzte Fürstäbtissin, an dieser Stelle beisetzen ließ."

„Sonderbar und mit einer Inschrift?"

„Zu dienen", antwortete der Kastellan.

Und den Damen ein Opernglas überreichend, das er zu diesem Behufe stets mit sich führte, las Cécile: „Jedes Geschöpf

Vom Schlossgarten aus schweift der Blick weit ins hügelige Vorland.

Der Sommer (Putte im Schlossgarten)

Der weitläufige Abteigarten verbindet das ehemalige Residenzschloss mit dem Brühl, einem Auenwäldchen am Bodeufer.

hat eine Bestimmung. Auch der Hund. Dieser Hund erfüllte die seine, denn er war treu bis in den Tod."

Mit der Chronologie der Äbtissinnen hat es Fontane nicht besonders genau genommen. Anna Sophia war die 34. von insgesamt 39 adligen Damen in diesem Amt und nicht die vorletzte.

Die kleinen Gärten auf dem eng begrenzten Areal genügten den Ansprüchen der Stiftsdamen bald nicht mehr. Das Zeitalter des Barock und des Rokoko war eine Epoche glänzender höfischer Gartenfeste mit Musik, Schäferspielen und sprühenden Feuerwerken. Die kleinen Residenzen wollten es im Rahmen ihrer Möglichkeiten den großen gleichtun. Also entstanden im 17. Jahrhundert prachtvolle Ziergärten am Fuß des Schlossberges.

Einen entscheidenden Anteil daran hatte die bereits erwähnte Äbtissin Anna Sophia I. Sie ließ den sogenannten Abteigarten, der sich südlich des Schlosses bis zum Brühl erstreckte, verschönern und Wohn- und Wirtschaftsgebäude für den Stiftsgärtner errichten. Die Hauptachse der barocken, streng symmetrischen Anlage war auf die Residenz ausgerichtet und setzte sich im Brühl, dem angrenzenden Auenwäldchen, fort. Noch heute heißt eine kleine Straße im Süden des Schlossberges Abteigasse. Die riesige alte Scheune an ihrem Ende ist in den Jahren der DDR für Wohnzwecke ausgebaut worden. Die kopf-

Barockes Gartenhaus im Weingarten

Der Brühl zeichnet sich durch einen schönen alten Baumbestand aus. Nachpflanzungen komplettieren die Anlage.

steingepflasterte Straße, die in gerader Linie von der abteilichen Residenz in den Garten führte und über die die Kutschen der Stiftsdamen rollten, wurde in jüngster Vergangenheit wieder freigelegt.

Der Abteigarten bildete ein großes Rechteck und war im Westen und Süden vom Holländergraben umflossen. Nach der Auflösung des Stifts und dem Verkauf seiner Gärten am Anfang des 19. Jahrhunderts nutzte ihn die Quedlinburger Saatzucht-firma Dippe als Zuchtgarten. Noch heute sind Reste der Hunderte von Metern langen hölzernen Stellagen erhalten, auf denen die Pflanzen zur Anzucht in kleinen Töpfen standen.

Der angrenzende Brühl, noch heute beliebt bei Spaziergängern, wurde bereits 1179 erstmals urkundlich erwähnt. Er befand sich im Besitz des Wipertiklosters. Das Wort „Brühl" bezeichnete ursprünglich eine feuchte, von Buschwerk bestandene Wiese, eine Definition, die für das am Bodeufer liegende Wäldchen sicher zutraf.

Unter dem alten Baumbestand breitet sich im Frühjahr ein weißer Blütenteppich aus stark riechendem Bärlauch aus. Angeblich ließ Äbtissin Bertradis das Kraut aus Sorge um ihre heimlich hier lustwandelnden Stiftsdamen pflanzen, nachdem sie anscheinend ohne großen Erfolg 1277 den reichlich sittenlosen Mönchen des nahe gelegenen Wipertiklosters den Aufenthalt an diesem Ort bei strengster Strafe verboten hatte.

Denkmal für Carl Ritter am Brühl

Das Klopstockdenkmal

Nach der Reformation kam der Brühl in den Besitz des Stiftes. Äbtissin Anna Dorothea ließ das Wäldchen 1685 in eine quadratische Form mit zwei sich in einem Rondell kreuzenden Wegen bringen. Unter Anna Amalia wurden 1757 weitere diagonal laufende Alleen angelegt. So entstand der jetzt noch vorhandene „Stern". Um 1800 kamen geschlängelte Wege hinzu, die den Charakter eines Landschaftsparks stärker betonen.

Seit 1817 gehört das Wäldchen der Stadt Quedlinburg. Sie ließ hier 1831 ein Denkmal für ihren berühmten Sohn Friedrich Gottlieb Klopstock errichten. Ein Obelisk erinnert an den ebenfalls in Quedlinburg geborenen Geografen Carl Ritter. Am stadtseitigen Parkeingang steht ein Gedenkstein für den verdienstvollen einstigen Oberbürgermeister Dr. Gustav Brecht.

Östlich des Schlossberges lagen zwischen Langer Gasse und Wasserwinkel die Gebäude des Propsteivorwerks. Dem Gutshof schloss sich der große Propsteigarten an. Der heutige Wordpark ist nur ein kleiner Rest der barocken Anlage. Am 20. Juni 1711 besuchten der Zarewitsch Alexei und seine Braut, eine braunschweigische Prinzessin, Quedlinburg. Pröpstin Maria Aurora von Königsmarck ließ ein rauschendes Gartenfest für die hohen Gäste veranstalten. Die Gesellschaft vergnügte sich mit Schäferspielen, Musik, Tanz und einem Festessen an mehreren fürstlichen Tafeln. Für das Brautpaar hatte man ein Lusthaus direkt über der Bode errichtet. Seine Wände waren mit Buschwerk

geschmückt. Blumenkränze zierten seine offenen Fenster. Zwischen Abtei- und Propsteigarten hat am Schiffbleek der Garten der Dechantin des Stiftes gelegen.

Das Bürgertum wollte hinter dieser Entwicklung nicht zurückstehen und kopierte – wenn auch bescheidener – die barocken Anlagen. Auch der Jurist und Stiftssekretarius Klopstock, der mit seiner großen Familie am Fuße des Schlossberges lebte, schuf sich ein kleines Gartenparadies neben seinem

Das Gartenhaus der Familie Klopstock in der Schenkgasse

Aus der Vorzeit

In dem Maie war ihr eben das zwölfte Jahr
Mit dem Morgen dahingeflohn.
Dreizehn Jahre, nur sie fehlten den siebzigen,
Die den Frühling er wiedersah.
Schön war die Laube, der Baum neben der Laube schön;
Blüte duftete gegen sie.
Konnt er es ahnden? Er saß, glühend vor Fröhlichkeit,
Bei dem Reh in der Laube Duft,
Zittert', ahndete nichts. Hell war ihr schwarzes Aug,
Als zuvor er es niemals sah.
Bald verstummt' er nicht mehr, stammelte, redete,
Kosete, blickte begeisterter.
„Diesen Finger, nur ihn ... Schlank ist dein Wuchs, und leicht
Senket der Tritt sich der Gehenden.
Ach den kleinen, nur ihn ... Rötlich die Wang, und doch
Ist die Lippe noch lieblicher!
Diesen schönsten, nur ihn gib mir!" Sie gab zuletzt
Alle Finger dem Flehenden,
Zögerte länger nicht mehr, wandte sich, sagt': „Ich bin
Ganz dein!" leise dem Glücklichen.
Idas Stimme war Luft, Ida, du atmetest
Leichte Töne, die zauberten.
Küsse kannt er noch nicht; aber er küsst' ihr doch
Schnell die lebenden Blicke weg.
Und nun bleiben sie stehn, schweigen. Die Schwester ruft
In den kühleren Schattengang.

Wohnhaus. Die barocke Anlage mit dem heute noch stehenden Gartenhäuschen glich ganz den größeren Vorbildern. Das lässt ein zeitgenössisches Aquarell deutlich erkennen.

Diesem Gartenhäuschen ist Klopstocks Ode „Aus der Vorzeit" gewidmet. Als reifer Mann erinnert sich der Dichter an seine erste schüchterne Beziehung zu der schwarzäugigen Ida.

Ein noch größeres und reicher ausgestattetes Sommerhaus mit reizvoller Gartenanlage besaß der Stadtsyndikus und Chronist Christian Gottfried Voigt im Weingarten, heute bekannt als Lindenbeinsches Gartenhaus. Leider sind viele dieser grünen Oasen hinter den stattlichen Bürgerhäusern später überbaut oder zubetoniert worden.

Hoch über den Dächern Quedlinburgs und direkt dem imposanten Schlossberg mit den Türmen der romanischen Stiftskirche gegenüber drängen sich auf dem Münzenberg schmalbrüstige Fachwerkhäuschen aneinander. 107 Stufen trennen das kleine Bergstädtchen vom dicht flutenden Verkehr zu seinen Füßen. Man könnte meinen, diese 107 Stufen würden in eine längst verschwundene Welt voller Romantik und Beschaulichkeit führen. Man ist dem Himmel und der Vergangenheit ein Stück näher. Aber die Idylle trügt. Der Münzenberg hat zwar eine lange, aber keine Bilderbuchgeschichte.

Nach der Klostergründung durch das ottonische Kaiserhaus im Jahre 986 prägten wechselvolle Ereignisse die nächsten Jahrhunderte. Schon 1015 hatte ein Blitzschlag die Kirche der Benediktinerinnen zerstört. Zwei Jahre später

war sie wieder aufgebaut. Anfang des 13. Jahrhunderts erhielt sie einen zusätzlichen Glockenturm an der Südseite und das schöne romanische Marienportal, das sich seit 1957 in der Wipertikirche befindet. In den Wirren des Bauernkrieges verließen viele Nonnen das Kloster. Durch die Reformation wurde es schließlich aufgelöst.

Ende des 16. Jahrhunderts gab die Stiftsäbtissin Elisabeth von Reinstein den Berg mit den inzwischen mehr und mehr verfallenden Ruinen zur Besiedlung frei. Aus der kaiserlichen Gründung wurde eine Heimstatt für Hausierer, Kesselflicker, Scherenschleifer und Bettelmusikanten. Ihre Häuschen, hineingebaut in das Mauerwerk der romanischen Marienkirche und wohl auch der übrigen Klostergebäude, waren ebenso schmal wie ihre Geldbeutel.

Armut, Enge, mangelnde Hygiene und verheerende Brände bestimmten das Leben der Bewohner. Quellen aus dem 19. Jahrhundert sprechen von ihnen als „Diebsgesindel" und noch Anfang des 20. Jahrhunderts war ihr Ruf nicht der allerbeste.

Mit den sakralen Bauresten aus der Klosterzeit gingen die neuen Anwohner wenig respektvoll um. So bildete das romanische Portal der Marienkirche die Rückwand einer Münzenberger Küche. Jahrhundertelang schaute die Gottesmutter unverwandt in brodelnde Kochtöpfe, die mit dünner Kohlrübensuppe gefüllt waren. Da ist es kein Wunder, wenn manch

vorige Seite: Über den Dächern der Fachwerkhäuschen auf dem Münzenberg ragt der Schornstein der alten Klosterküche empor.

107 Stufen führen auf die Höhe des Münzenberges.

Das Denkmal der Münzenberger Musikanten auf dem Marktplatz ist ein Werk von Prof. Wolfgang Dreysse.

Vom Jägergarten auf dem Schlossberg schweift der Blick auf das kleine Bergstädtchen gegenüber.

pfiffiger Münzenberger sich sonntags eher zum Frühschoppen hingezogen fühlte als zum Gottesdienst.

Die Quedlinburger Anekdoten berichten über einen Vertreter dieser Kategorie, der aus Respekt vor seiner „Regierung" mit Gesangbuch unterm Arm einen Kirchenbesuch vortäuschte. Als er mittags zurückkam, wollte seine Frau wissen, worüber denn der Pastor gepredigt hätte. „Öber de Sünde", war die prompte Antwort. „Na, und wat het hei davon vertellt?" – „Er is dajejen!"

Die Ur-Münzenberger sprachen nicht nur platt, sondern verfügten über ein breites Vokabular aus einem Gemisch von Rotwelsch und Zigeunersprache, einen echten Gaunerjargon, der wohl ihren oft zwielichtigen Aktivitäten entsprang. Die Augen waren die „Scheilinge". „acheln" hieß essen und wer es eilig hatte, musste „focken", besonders wenn er morgens nur schwer aus der „Puche" gekommen war.

Als Bettelmusikanten und Hausierer zogen die Münzenberger über die Dörfer und haben wohl auch mitgehen lassen, was nicht niet- und nagelfest war. Der Nachwuchs wurde frühzeitig auf seine künftige Lebensweise eingestimmt. Schon bald, nachdem ein kleiner Münzenberger seinen ersten Schrei getan hatte, hielt sein Erzeuger ihn in luftiger Höhe aus dem Fenster, um ihm zu erklären: „Allet, wat de seihst, is diene, darfst deck blos nicht von de Polente faten laten!"

Das 1976 von Professor Wolfgang Dreysse geschaffene Denkmal auf dem Marktplatz hält die Erinnerung an diese Originale fest. Noch milieugetreuer präsentieren sie sich auf dem Geländer am Mühlgraben in der Steinbrücke. Klein-Venedig nennen die Quedlinburger diesen einstmals lauschigen Winkel.

Und der Münzenberg heute? Aus dem Armenhaus Quedlinburgs ist ein schmuckes, inzwischen recht begehrtes Wohnviertel geworden. Noch sind die „Aanhamischen" in der Überzahl. Aber der Charme der kleinen Bergsiedlung hat schon viele Ortsfremde angelockt. Als Dauerbewohner oder als Gäste in den male-

rischen Ferienhäusern erfüllen sie sich den Traum des Besonderen, Individuellen, sind gern jenseits von Stress und Hektik.

Wer sonst hat schon romanische Säulen in seinem Keller oder frühstückt an Sommertagen in einem blumenumrankten Innenhof, der einmal das Seitenschiff einer Kirche war? Man müsste schon sehr reich sein, um den „Millionenblick" aus luftiger Höhe auf den gegenüberliegenden Schlossberg und die Türme der tausendjährigen Stadt in barer Münze zu bezahlen. Aber das soll zum Glück niemand.

Apropos Münze. Damit hat der Münzenberg nichts zu tun. Zwar wurden im Mittelalter im vornehmen Frauenstift gegenüber kunstvolle Silberbrakteaten geprägt, aber die Münzstätte befand sich an anderer Stelle. Der Name Münzenberg kommt vielleicht einfach vom lateinischen mons (Berg). Aber so ganz genau weiß das niemand.

oben: Mittelalterliche Bestattung im Bereich der Marienkirche

In und unter den Fachwerkhäuschen auf dem Münzenberg verbergen sich die Reste der romanischen Marienkirche.

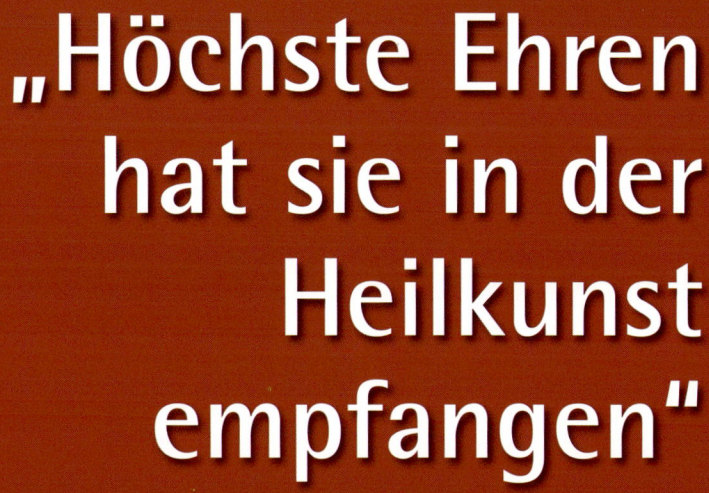

„Höchste Ehren hat sie in der Heilkunst empfangen"

Ausleger am Geburtshaus von Dorothea Christiana Erxleben

vorige Seite: Porträt und Geburtshaus der ersten deutschen Ärztin Dorothea Christiana Erxleben

So urteilte 1783 Johann Heinrich Christian Erxleben über seine Mutter Dorothea Christiana, die 1754 als erste Frau in Deutschland zum Doktor der Medizin promovierte.

Aber bis dahin war es ein weiter und schwieriger Weg für die am 13. November 1715 in Quedlinburg geborene Arzttochter. Ihre Wiege stand in einem Fachwerkhaus am Steinweg, dicht hinter dem Oeringer Tor. Dort ist sie in der Familie des Dr. med. Christian Polycarp Leporin zusammen mit einer Schwester und zwei Brüdern aufgewachsen.

Der Vater entstammte einer Pastorenfamilie aus Dreileben bei Magdeburg und war bereits als Gymnasiast nach Quedlinburg gekommen. Nach seiner Promotion zum „Medicinae Practicus" an der Universität Erfurt kehrte er 1711 nach Quedlinburg zurück und heiratete dort Anna Sophia, die Tochter des angesehenen Pastors von St. Nikolai und Mitglieds des fürstlichen Consistoriums Albert Meineke. Seine guten Beziehungen zum Stift verschafften dem Schwiegersohn vermutlich auch eine Inspektorenstelle an der Hofapotheke.

Die befand sich in der Langen Gasse 32 und wurde lange Zeit vom Apotheker Jehnen geführt. 1678 hatte Äbtissin Anna Sophia I. diese Apotheke einrichten lassen, um die Versorgung der Bewohner des Westendorfs und anderer außerhalb der Stadtmauer liegender Gemeinden mit Arzneimitteln zu sichern. Das war besonders abends und nachts wichtig, wenn nach Schließen der Stadttore die Ratsapotheke nicht mehr zu er-

Gedenktafel im Garten des Geburtshauses von Dorothea Christiana Erxleben

Die erste deutsche Ärztin, Frau Dr. med. Dorothea Erxleben, wurde hier am 13.11.1715 geboren. Sie schrieb 1742 eine vielgerühmte Abhandlung über das Frauenstudium und erwarb 1754 den Doktorgrad.
V.V. Qu.

Dr. Christian Polycarp Leporin, der Vater
Dorotheas

Dorotheas Bruder Dr. Christian Polycarp
Leporin

Dr. Johann Christian Polycarp Erxleben,
ein Sohn Dorotheas

reichen war. Etwa zwei Jahre nach seiner Hochzeit kaufte Dr. Leporin das Haus am Steinweg. Dort führte er seine Praxis und verfasste eine Reihe medizinischer und anderer Schriften.

Im Lebenslauf, der Dorotheas Dissertation beigefügt war, schilderte sie ihre Kindheit, die von häufigen Krankheiten begleitet war. Der Vater bemerkte sehr bald, dass das aufgeweckte Mädchen seinen schwächlichen Zustand besser verkraftete, wenn es am Privatunterricht des älteren Bruders teilnehmen durfte.

Um dieser Ursachen willen wendete mein seliger Vater nicht nur selbst den äußersten Fleiß an meine Unterweisung, sondern er sorgete auch davor, daß ich mit meinem Bruder sogleich von geschickten Lehrern nicht nur in Sprachen, sondern auch in nützlichen Wissenschaften fleißig unterwiesen wurde ... Und weil ich urtheile, daß die Gelehrsamkeit unserem Geschlechte nicht allein wohl anstehe, sondern auch Frauenspersonen nach derselben zu trachten verbunden wären, wurde ich niemals überdrüssig, mich unterrichten zu lassen ...

Auf diese Weise erhielt Dorothea eine Ausbildung, die für ein Mädchen ihrer Zeit ungewöhnlich und kaum vorstellbar war. Der Rektor des Gymnasiums, der schon ihren Vater unterrichtet hatte, gab ihr Lateinstunden. Der Vater nahm sie zu seinen Krankenbesuchen mit.

1740 nutzte Dorothea die Anwesenheit eines hohen preußischen Beamten anlässlich der Erbhuldigung für König Friedrich II. in Quedlinburg. Sie ließ ihm durch den Stiftshauptmann von Plotho ein Gesuch überreichen. Darin bat sie um die Erlaubnis zum Studium an der Universität in Halle und um die Freistellung ihres Bruders vom Militärdienst, damit sie mit ihm gemeinsam die Universität beziehen könne.

Punkt 1 wurde ihr genehmigt, Punkt 2 nicht. Um sich der drohenden Zwangsrekrutierung zu entziehen, mussten beide Brüder und kurzzeitig auch der Vater Quedlinburg verlassen. Die Familie geriet in eine schwierige finanzielle Lage. An ein Studium Dorotheas war vorerst nicht mehr zu denken. Am 14. August 1742 heiratete sie den verwitweten Diakon Johannes Erxleben und zog zu ihm und seinen fünf Kindern in das Pfarrhaus Kaplanai 10 an der Nikolaikirche.

Im gleichen Jahr erschien ihre Schrift „Gründliche Untersuchung der Ursachen, die das weibliche Geschlecht vom Studiren abhalten", für die ihr Vater die Vorrede geschrieben hatte. Darin setzte sie sich mit männlichen Vorurteilen auseinander und zeigte den Frauen Möglichkeiten auf, Bildung und Wissen

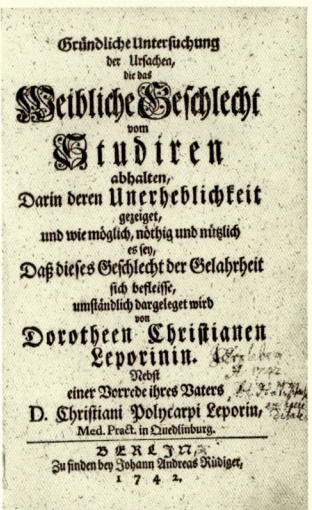

Titelseite der „Gründlichen Untersuchung ..."

Das Leben und Wirken der ersten deutschen promovierten Ärztin vollzog sich im engen Umkreis der Nikolaikirche. Hier wurde sie geboren, hier lebte sie als Pfarrfrau und Mutter, hier starb sie schließlich auch.

zu erwerben. Haushalt und Mutterpflichten verschoben ihren Gedanken an eine Promotion immer wieder, wenn auch die eigenen Studien dadurch nicht zum Erliegen kamen. Im Februar 1753 gab ein Schreiben der Quedlinburger Ärzte an den Stiftshauptmann von Schellersheim den entscheidenden Anstoß, in dem sie Frau Erxleben Kurpfuscherei vorwarfen.

Von Schellersheim verfügte, Dorothea habe sich innerhalb von drei Monaten zur Promotion an der Universität Halle zu melden. Sie musste um Aufschub bitten. Im April wurde ihr viertes Kind geboren. Am 6. Januar 1754 konnte sie endlich dem Stiftshauptmann ihre Dissertation überreichen, der sie umgehend nach Halle weiterleitete. Sie trug den Titel „Academische Abhandlung von der gar zu geschwinden und angenehmen, aber deswegen öfters unsichern Heilung der Krankheiten". Dorothea schrieb darin:

Daher ist es das vornehmste Geschäft des Arztes, daß er die Ursachen der Krankheiten allemal, soviel sich will tunlassen, hebe und den künftigen gefährlichen Folgen aufs beste vorbaue, denn solcher Gestalt curiret er sicher.

Nach der glänzend bestandenen mündlichen Prüfung im Mai wurde ihr am 12. Juni 1754 der Doktortitel verliehen. Aus Briefen ihrer Zeitgenossen ist bekannt, dass Frau Dr. med. Erxleben ihren Beruf erfolgreich ausübte und sogar zu den Leibärzten der Äbtissin gehörte.

Am 13. Juni 1762 starb Dorothea Christiana Erxleben im Alter von 47 Jahren, nur wenige Jahre nach dem Tod ihres Mannes. Am gleichen Tag ließ sie ein Testament aufsetzen, das erst jetzt im Landesarchiv Magdeburg, Außenstelle Wernigerode, aufgefunden wurde. Im Vorbericht dazu heißt es:

Frau Doct. Medic: Dortheen Christianin Leporinin, des seel. Hh. Diac: Johann Christian Erxlebens Witwen bat zwei Schöffen (Scabini) in ihre Wohnung, nämlich Johann Christian Posewitz und Johann Heinrich Pfannenschmidt zusammen mit dem Gerichtsschreiber Georg Karl Klopstock, einem Verwandten von Friedrich Gottlieb Klopstock. Die drei Herren begaben sich in die Neustadt von Quedlinburg, wo sie im Haus am Steinweg (!) Frau Dr. Erxleben in der unteren gassenwerts befindlichen Stube zwar krank und schwach aber bey guter Vernunft und Verstande vorfanden.

Die Trauernachricht fand auch außerhalb ihrer Heimatstadt ein großes Echo. Die „Berliner privilegierte Zeitschrift" widmete ihr am 6. Juli 1762 einen Nachruf. Darin steht:

In der Kaplanei steht das Wohnhaus der Pfarrerfamilie Erxleben. 1907 ist es umgebaut worden.

Quedlinburg bedauert den Verlust einer Seltenheit des schönen Geschlechts, den sie durch den frühen Tod der hochgelehrten und hocherfahrenen Frau, Frau Dorothea Christiane Erxleben, geborene Leporin, der Arzeneygelahrtheit Doctor, erlitten ... Unermüdet das Elend des Nächsten zu lindern, exercierte sie praxin medicam mit Ruhm, Glück und göttlichem Segen. So wie diese außerordentliche Frau voller Mut bei allen Vorfällen des Lebens, so hat sie sich im Sterben erwiesen. Ohne Schrecken sah sie dem Tod entgegen, machte dessen Ankunft ihren Kindern kund, bestellte ihr Haus und starb sitzend an einer Verblutung, so ein gefährlicher Schaden an der Brust verursacht im 47. Jahre ihres rühmlichen Lebens, hätte es doch Gott gefallen, diese Jahre zu verdoppeln.

Heute trägt das Quedlinburger Klinikum den Namen dieser bedeutenden Frau, deren ganzes Leben sich in einem engen Radius rund um die Nikolaikirche abgespielt hat, deren Geisteswelt und Wirken aber weit über die Grenzen ihrer Stadt hinausreichten.

Die Nikolaikirche war die Wirkungsstätte von Johannes Erxleben, dem Ehemann Dorotheas.

Sankt
Johanniskapelle

die kleinste unter ihren Schwestern

Vor hundert Jahren schuf der Historienmaler Professor Otto Markus aus Berlin für den neu entstandenen Stadtverordnetensitzungssaal des Quedlinburger Rathauses raumfüllende Wandgemälde. Eines von ihnen zeigt anschaulich eine Szene aus der Zeit der Einführung der Reformation.

Vor einer großen Zuhörerschar predigt der blinde Pfarrer Benedikt Kirchhoff die neue Lehre Martin Luthers. In seiner Rechten hält er einen Kelch, den er den Gläubigen reicht. Er teilt also das Abendmahl in beiderlei Gestalt aus. Nach katholischem Verständnis ist der Wein als Verkörperung des Blutes Christi der Geistlichkeit vorbehalten, während das Brot an die Gemeinde ausgeteilt wird. Auch Äbtissin Anna II., die später die Reformation in Quedlinburg einführte, nimmt trotz des Verbotes durch den streng katholischen Schutzherrn Herzog Georg von Sachsen am Gottesdienst unter freiem Himmel teil. Das kleine Kirchlein im Hintergrund konnte die vielen Zuhörer nicht fassen.

Es ist die Johanniskapelle, die es heute noch gibt. Sie duckt sich fast vergessen und abseits der Touristenströme in den Schatten massiver Backsteingebäude am südöstlichen Stadtrand Quedlinburgs. Nur der schlanke, mit Schiefer gedeckte Dachreiter auf ihrem Giebeldach schiebt sich wie ein ausgestreckter Zeigefinger in den Himmel.

Die beiden kleinen Glocken in seinem Inneren gehören zu den ältesten der Stadt. Auf einer Kupfertafel an der Ostseite der Kapelle ist zu lesen: „Freie Gnade in Christo bezeugte hier

Benedikt Kirchhoff – Blind zwar brachte er doch Licht – ewiges – unserer Stadt".

Benedikt Kirchhoff war im 16. Jahrhundert Pfarrer am Johannishospital, zu dem das kleine romanische Kirchlein gehörte. Diese wohltätige Stiftung für Arme und Kranke wird 1229 erstmals urkundlich erwähnt, zunächst als „domus leprosorum" (Aussätzigenhaus), später als Siechenhaus. Der Überlieferung nach soll sie von einem Grafen von Askanien gegründet worden sein, der an einer Hautkrankheit litt.

Das Wasser einer Quelle am gegenüberliegenden Hang des Bleicheberges (heute Johannishain) habe ihn geheilt. Aus Dankbarkeit stiftete er dieses Hospital für 150 Kranke und Bedürftige. Im Verlauf des 13. Jahrhunderts flossen ihm reiche Schenkungen zu. Gebäude zur Unterbringung der Bewohner und eine Kirche wurden gebaut.

Bereits hundert Jahre vorher hatte eine Urkunde der Äbtissin Gerburg ein gleichnami-

Die romanische Johanniskapelle gehört zu den ältesten Gotteshäusern der Stadt.

ges Hospital am Finkenherd erwähnt, unterhalb des Schlossberges. Zwischen ihm und dem Johannishospital, das weit außerhalb der Stadtmauern lag, scheint aber keine Verbindung bestanden zu haben. Die kleine romanische Johanniskapelle hat einen ähnlichen Grundriss wie andere frühe Saalkirchen in der Umgebung. Er lässt sich vergleichen mit der Kirche des später wüst gewordenen Dorfes Groß Orden vor den Toren der Stadt und dem Gründungsbau der Wipertikirche auf dem Königshof Heinrichs I. im Südwesten des Schlossberges.

An das Langhaus schließt sich ein um Mauerstärke eingezogener Chor an. Ob dessen Ostwand in einer halbrunden Apsis endete, lässt sich nicht mehr sagen, weil 1704 eine trapezförmige Verlängerung des Raumes erfolgt ist.

Auf dem hohen steilen Giebeldach sitzt im Westen ein schlanker Dachreiter. An der Südseite der Kirche ist auf dem massiven Unterbau an der alten Sakristei vermutlich 1483 ein Fachwerkaufbau errichtet worden. Seine Konstruktion deutet auf eine frühe Phase dieser Art des Bauens hin und lässt die Datierung ins 15. Jahrhundert als gesichert erscheinen. Damit gehört die Sakristei der Johanniskapelle zu den ältesten Fachwerkgebäuden in der Welterbestadt.

Ein interessantes Detail an der Nordseite der Kirche bilden die in Stein gemeißelten Jakobsmuscheln. Sie könnten darauf hindeuten, dass die Kapelle einst als Wallfahrtskirche an einem der Pilgerwege gelegen hat, die zum Grab des Apostels Jakobus in Santiago de Compostela führten.

Man betritt das Innere der Johanniskapelle durch einen kleinen Vorbau an der Westseite. Der Blick fällt auf den barocken Hochaltar mit der integrierten Kanzel. Ein ähnlicher, nur größerer Kanzelaltar schmückt die Blasiikirche in der Nähe des Marktes. Emporen umziehen den Kirchenraum an seiner West- und Südwand. Sie

Neben dem Kreuz zieren drei Jakobsmuscheln die Nordwand der Johanniskapelle.

sind ebenso wie der Altar restaurierungsbedürftig. Dagegen erstrahlt die gewölbte, farbig bemalte Holzdecke bereits wieder in neuem Glanz. Das kleine, fast vergessene Kirchlein am Stadtrand ist auf dem besten Weg, wieder eine echte Schönheit zu werden.

Seine „Dienstzeit" ging schon vor hundert Jahren zu Ende, als der Magistrat beschloss, die Alt- und die Neustadt Quedlinburgs durch eine repräsentative Geschäftsstraße zu verbinden. Den neuen Prachtbauten des Historismus und des Jugendstils musste das St. Spiritushospital am Kleinen Neuen Weg (heute Heiligegeiststraße) weichen. Die Straßenzeile „Am Hospital" mit winzigen Fachwerkhäuschen erinnert noch daran.

Die Hospitalkapelle, ein lang gestreckter, turmloser, gotischer Bau, stand an der Stelle der Häuser Heiligegeiststraße 1 und 2. Als Ersatz erhielt die nun „Vereinigte Heiligegeist- und Johannishospitalstiftung" nach dem Abriss in unmittelbarer Nähe der alten Johanniskapelle eine neue, größere Kirche. Sie entstand nach Entwürfen des Magdeburger Architekten Peter Schneider und wurde 1906 als jüngstes Gotteshaus der Stadt Quedlinburg feierlich eingeweiht.

Die kleine romanische Kapelle diente nur noch zur Aufbahrung verstorbener Hospitalbewohner. Als vor etwa 50 Jahren der gegenüberliegende Johannisfriedhof eingeebnet wurde, verlor sie auch ihre letzte Funktion.

Die Klopstocks in

Quedlinburg

Friedrich Gottlieb
Klopstock
(Scherenschnitt)

vorige Seite: Das
Geburtshaus des
Dichters Friedrich
Gottlieb
Klopstock

„Wer wird nicht einen Klopstock loben ...", meinte schon Gott-
hold Ephraim Lessing. Hölderlin nannte den Schöpfer des Mes-
sias-Epos „den Sänger Gottes". Goethe sah in ihm den Begründer einer Epoche, „in der das Dichtergenie den Grund zu einer
unabhängigen Würde zu legen verstände". Der Verfasser eines
1759 in Quedlinburg erschienenen Buches mit dem Titel „Versuche des sich bildenden Quedlinburger Witzes" (Witz = Geist,
Intellekt) glaubt von seinem gelehrten Landsmann nicht zuviel
zu sagen, wenn er ihn in seiner Art den größten deutschen Dichter nennt. In der Vorrede heißt es wörtlich: „Klopstock ist ein
eingebohrener Quedlinburger und aus einem ursprünglich
Quedlinburger Geschlecht entsprossen."

Tatsächlich gehört der Dichter zur vierten Generation einer
weit verzweigten Familie der Stadt. Ihren Spuren im Quedlin-

Daniel Klopstock,
der Urgroßvater
des Dichters

burg des 17. und 18. Jahrhunderts soll hier nachgegangen werden.

Sein Urgroßvater Daniel Klopstock wurde 1632 in Artlenberg an der Elbe geboren. 1657 kam er durch die Vermittlung seines Vetters, des Stiftskanzlers von Mithoff, nach Quedlinburg und arbeitete zunächst als Amtsschreiber, später als Abteischösser (Steuereinnehmer) am Frauenstift auf dem Schlossberg. 1663 erwarb er das Bürgerrecht und ein stattliches Fachwerkhaus in der Breiten Straße.

Hier lebte er mit seiner Frau Margarete, geborene Breiter, und seinen sieben Kindern. Zwei seiner Söhne begründeten den Quedlinburger Familienclan: Karl Otto den Schlossberger Zweig, aus dem der Dichter stammte, und Anton Wilhelm die Altstädter Linie.

Der Großvater Klopstocks, Karl Otto, war in seiner Heimatstadt fürstlicher Stiftsadvokat. 1702 kaufte er das spätere Geburtshaus des Dichters am Schlossberg 12 und zehn Jahre später das damalige „Schwarze Roß" in der Marktstraße 12. Das älteste seiner fünf Kinder aus der Ehe mit Juliane Maria Wind-

Das Treppenhaus im Klopstockmuseum (Schlossberg 12)

Klopstockbüste des Bildhauers Landolin Ohmacht

Klopstocks Vater Gottlieb Heinrich

reuter war der 1698 geborene Sohn Gottlieb Heinrich.

Der trat als Advokat „sowohl bey Fürstlicher Stiftskanzley und Consistorio als auch denen Niedergerichten zu Quedlinburg" in die Fußstapfen seines Vaters und heiratete die 20-jährige Anna Maria Schmidt aus Langensalza.

Im Haus Schlossberg 12 wurde am 2. Juli 1724 Friedrich Gottlieb Klopstock als ältestes ihrer 18 Kinder geboren. 1732 pachtete der Vater das Gut Friedeburg an der Saale. Die inzwischen auf sechs Kinder angewachsene Familie verließ Quedlinburg und zog auf das dortige Landgut um, kehrte aber nach fünf Jahren wirtschaftlicher Rückschläge, in „sehr lästige Prozesse und Verwirrung verstrickt", unter Verlust des größten Teils ihres Vermögens zurück.

Gerichtliche Auseinandersetzungen und finanzielle Schwierigkeiten verfolgten den Vater auch in den nächsten Jahren. 1742 musste er eine Zwangshypothek auf sein Haus aufnehmen, da er Röttger Salfeldt, dem Bauherrn des Salfeldtschen Palais am Kornmarkt, Geld schuldete. Beide Familien verbanden verwandtschaftliche Beziehungen und ursprünglich wohl auch freundschaftliche Kontakte.

Gottlieb Heinrich Klopstock war als Brautwerber für Röttgers Sohn Heinrich tätig gewesen, dessen spätere Frau Charlotte eine Nichte Anna Maria Klopstocks war. Frau Salfeldt wird 1735 als Taufpatin von Charlotte Viktoria genannt, dem zwölften Kind der Klopstocks. Später verschlechterte sich das Verhältnis beider Familien bis zur offenen Feindschaft. Das geht aus den Aussagen von Gottlieb Heinrich Klopstock in den Prozessakten hervor.

Als Folge der finanziellen Misere nach dem Tode ihres Mannes musste Anna Maria Klopstock das Gartenhaus der Familie am Schlossberg verkaufen. Ihr berühmter Sohn Friedrich Gottlieb widmete diesem Häuschen und seinen Erinnerungen die Ode „Aus der Vorzeit", in der

Klopstocks Mutter Anna Maria im Brautkleid

er an die zarte Romanze mit der dunkeläugigen Ida in seiner frühen Jugend zurückdenkt. Die schöne Laube (Gartenhäuschen) und den kühlen Schattengang, der zwischen den Häusern Schlossberg 10 und 11 in den duftenden Garten führte, gibt es noch heute.

Von den 17 Geschwistern des Dichters starben sieben im Säuglings- oder Kindesalter, einige davon an den Pocken. Zwei seiner Brüder lebten später wie er selbst in Hamburg, Karl Christoph, ebenfalls mit dichterischen Ambitionen, und Viktor Ludwig, der Jüngste, als Kaufmann und Zeitungsverleger. August Philipp verschlug es als Seidenfabrikanten nach Lingby, Christian Heinrich ging auf Vermittlung seines berühmten Bruders nach Livorno und ist als Großkaufmann in Triest gestorben.

Von den Schwestern lebte Henriette Ernestine als Ehefrau des Kauf- und Handelsmannes Johann Leopold Lerche bis zu ihrem Tode 1799 in der Pölle 57 in Quedlinburg. Ihre Zwillingsschwester Juliane Friederike starb 1765 ebenfalls in Quedlinburg. Die bereits erwähnte

Ausstellungsraum im Klopstockmuseum mit den Bildern der Eltern und des Urgroßvaters

Eines der bekanntesten Porträts des
Dichters Friedrich Gottlieb Klopstock

Charlotte Viktoria, verheiratet mit Dr. jur. Ludwig Christoph
Schmidt, Professor der Rechte in Jena, bewohnte verwitwet als
letzte Vertreterin aus der großen Geschwisterschar bis zu ihrem
Tod 1809 ihr Elternhaus am Schlossberg.

Anton Wilhelm Klopstock, geboren 1676 in der Breiten
Straße, gilt als Stammvater des Altstädter Familienzweiges. Als
Ratskämmerer, Kauf- und Handelsmann betrieb er im väter-
lichen Haus einen Holz- und Dielenhandel, mit dem er

Maria Sophia Schmidt (Fanny) – Klopstocks große und unerfüllte Liebe

aber 1742 in Konkurs ging. Das führte zum Verkauf des Hauses. Sein Sohn Georg fand eine Anstellung als königlich-preußischer Advokat und Aktuarius am Fürstlichen Stadtgericht. 1744 kaufte er für 625 Taler den sogenannten Alten Klopstock, ein stattliches Fachwerkhaus am Stieg 28.

Klopstock auf dem Weg zum Eislauf (Scherenschnitt)

Die jüngste Tochter Christiane Margarete gab 1777 in der Blasiikirche dem Advokaten Johann Andreas Philipp Schenken ihr Jawort. Der erwarb 1781 den Freihof Mummental. An der Giebelwand der alten Scheune findet sich unter den Wappen der Besitzer auch das seiner Familie. Über einer alten Tür an der Traufseite trägt eine Steinplatte die Initialen des Ehepaares. Christiane wurde die Stammmutter eines großen Familienclans, zu dessen Nachfahren nicht nur Quedlinburger zählen. Zwei ihrer Enkel wanderten Mitte des 19. Jahrhunderts nach Amerika aus und sorgten für eine große Nachkommenschaft jenseits des Atlantiks.

Christianes ältester Sohn Karl August Wilhelm richtete 1823 in der alten Mummentalscheune das erste Quedlinburger Theater ein, in dem reisende Schauspieltruppen gastierten. Dass die

Reihe oben: Christiane Margarete Schenken, geb. Klopstock (ganz rechts) mit ihrem Ehemann, Johann Andreas Philipp Schenken (links) und zweien ihrer Kinder. Sie gehörte zum Altstädter Zweig der Klopstock'schen Familie und wurde im Stieg 28 geboren.

Aufführungen nicht immer hohen künstlerischen Ansprüchen gerecht wurden, berichtet Robert Bosse in seinen Jugenderinnerungen:

Auf dem Mummental, einem Gutshofe, der für landwirtschaftliche Zwecke nicht mehr benutzt wurde, hatte man eine alte geräumige Scheune, so gut oder so schlecht es gehen wollte, zum Schauspielhaus umgebaut. Es war ein öder, häßlicher Raum, aber doch gaben wandernde Schauspielertruppen dort von Zeit zu Zeit Vorstellungen. Einige Jahre lang kamen sogar die herzoglichen Hofschauspieler aus Ballenstedt alljährlich für einige Wochen nach Quedlinburg und spielten dort, nebenbei gesagt, recht gut. Nur wenn einmal während der Totensaison ein so genanntes mechanisches oder Puppentheater in das alte Schauspielhaus einzog, und dort die Erstürmung von Magdeburg durch Tilly aufgeführt wurde, ging mein Vater mit uns hin. Auf den Anschlagzetteln hatte gestanden: „Bei vollständig besetztem Orchester". Als wir aber hin kamen und unsre Sitze auf dem ersten Platz eingenommen, unsre Augen sich auch an das Dunkel des durch einige Öllampen nur äußerst schwach beleuchteten Raumes gewöhnt hatten, sahen wir, daß das Orchester nur aus einem stadtbekannten, sehr dicken Musiker namens Elias Ölglas und dessen noch jungen Sohn bestand, die sich anschickten, der Vater mit der Geige, der Sohn mit der Pickelflöte „das vollständig besetzte Orchester" zu spielen. Darüber fing aber das enttäuschte Publikum an laut zu

murren. Man rief Plattdeutsch: „Wat is denn dat? Dat is kein Orchester. Dat is man bloß Ölglas un sin Sohne! Ölglas rut!" Dabei erhob sich ein ungeheures Trampeln, Zischen, Schreien und Quietschen. Elias ließ sich aber nicht irre machen und fing ruhig an, einen Walzer oder eine Polka zu geigen. Er brachte auch den Lärm wirklich zur Ruhe, und Tilly im roten Rock eroberte wirklich vor unsern Augen das brennende Magdeburg.

Künstlerisches Talent besaß auch Johann Georg Klopstock, der Bruder von Christiane, geboren 1744. Er galt als guter Gouachemaler, Kunstliebhaber und ausgezeichneter Schütze. Eines anno 1799 getanen besten Scheibenschusses wegen wurde ihm sogar vom Magistrat für ein Jahr die Steuer erlassen. Er war fürstlicher Hauptmannei-Sekretär in Quedlinburg. Ab 1809 bewohnte er den Schlossberg 12. Mit dem Verkauf des Grundstücks an den Lohgerber Bosse im Jahre 1817 endete die mehr als hundertjährige Klopstock'sche Familientradition am Fuß des Quedlinburger Schlossberges.

Von den späteren, mehrfach wechselnden Besitzern ist die Familie des Landschaftsmalers Wilhelm Steuerwaldt (1815–1871) zu erwähnen. Bei einer Versteigerung im Jahre 1897 erwarb die Stadt Quedlinburg das Gebäude und übergab es am 10. Juli 1899 als Gedenkstätte der Öffentlichkeit.

„Der alte Klopstock" war das Stammhaus des Altstädter Familienzweigs.

Nicht wurzeln, wo wir stehen – nein, weiterschreiten!

Die Bronzetafeln am GutsMuths-Denkmal zeigen
die von ihm entwickelten gymnastischen Übungen.

Unter dieses Motto stellte der am 9. August 1759 in Quedlinburg geborene Johann Christoph Friedrich GutsMuths sein Leben. Als Sohn einer Handwerkerfamilie – der Vater war Rotgerber – erblickte er in einem stattlichen Fachwerkhaus in der Pölle 39 das Licht der Welt und wuchs wie auch sein berühmter älterer Mitbürger Friedrich Gottlieb Klopstock in einem stark pietistisch geprägten Elternhaus auf. Diese protestantische Glaubensrichtung war besonders eng mit dem Wirken August Hermann Franckes in Halle verbunden.

Nach dem frühen Tod des Vaters geriet die Familie in finanzielle Schwierigkeiten. Der Gymnasiast GutsMuths musste durch eine Hauslehrertätigkeit zum Lebensunterhalt beitragen. Ab 1777 unterrichtete er die Söhne des Arztes und Leibmedicus am Quedlinburger Stift Dr. F. W. Ritter. Das Wohnhaus der Familie Ritter stand in der Steinbrücke 15 und ist 1957 beim Bau der Carl-Ritter-Straße abgerissen worden.

Bereits in früher Jugend befasste sich der angehende Student mit den philosophischen und pädagogischen Schriften fortschrittlicher Denker wie Jean-Jacques Rousseau, John Locke und Johann Bernhard Basedow, der die pädagogische Reformbewegung des Philanthropismus vertrat und in Dessau die erste philanthropische Lehranstalt einrichtete.

Bildungs- und Erziehungsziel der Philanthropen war die allseitig entwickelte Persönlichkeit. Gefördert wurden neben der geistigen auch die körperliche Ausbildung, das Erlernen handwerklicher Fähigkeiten und praktische Dinge des Alltags – Ideen, die GutsMuths in seiner späteren Arbeit weiterentwickelte und in die Praxis umsetzte.

In den Gebäuden des alten Franziskanerklosters befand sich bis 1862 das Quedlinburger Gymnasium.

Das GutsMuths-Denkmal – es zeigt ihn mit seinem Schüler Carl Ritter – ist ein Werk des Quedlinburger Bildhauers Richard Anders.

Carl Ritter, Begründer der wissenschaftlichen Erdkunde

wissenschaften, Sprachen, Geschichte und Pädagogik.

1782 kehrte er nach abgeschlossenem Studium nach Quedlinburg zurück und nahm seine Hauslehrertätigkeit bei der Familie Ritter wieder auf. Als Dr. Ritter mit 36 Jahren starb, hinterließ er eine Witwe mit sechs Kindern. Zwei der Söhne, Hans und Carl, konnten an die einige Jahre zuvor von Christian Gotthilf Salzmann nach dem Vorbild des Dessauer Philanthropins gegründete Lehranstalt in Schnepfenthal vermittelt werden. GutsMuths begleitete sie dorthin und wurde von Salzmann auf der Stelle engagiert. Er unterrichtete dort Geographie, Geschichte, Gymnastik, Französisch und Technologie und gehörte bald zu den profiliertesten Persönlichkeiten der immer berühmter werdenden Lehranstalt. Neben seinen schulischen Verpflichtungen trat er als Verfasser wissenschaftlicher und pädagogischer Schriften in Erscheinung. Mit seinem Werk „Gymnastik für die Jugend" schuf er die Basis für ein international anerkanntes und bis heute nur un-

Als Voraussetzung für seine Tätigkeit studierte er zunächst in Halle Theologie und hörte zusätzlich Vorlesungen in Mathematik, Natur-

Die Salzmannschule in Schnepfenthal

wesentlich verändertes System der Körper-erziehung an den Schulen. Die von ihm entwickelte neue Methodik des Geographieunterrichts bildete wichtige Vorraussetzungen für das spätere Wirken seines berühmten Schülers Carl Ritter, des Begründers der wissenschaftlichen Erdkunde.

In Schnepfenthal konnte GutsMuths viele seiner Ideen in die Praxis umsetzen. Er errichtete den ersten Turnplatz Deutschlands und entwickelte dafür spezielle Übungsgeräte. Vieles davon kann man heute noch dort sehen. Schnepfenthal und das benachbarte Ibenhain sollten für viele Jahrzehnte zum Mittelpunkt seines Lebens und Wirkens werden. An der Schule in Schnepfenthal unterrichtete er bis ins hohe Alter. In Ibenhain erwarb er nach seiner Hochzeit mit der Pastorentochter Johanne Sophie Eckardt ein kleines Landgut. Das Hochzeitsgeschenk seiner Schüler und Kollegen war praktischerweise eine Kuh als Startkapital. In der ländlichen Idylle des mit viel Fleiß zu einem Mustergut ausgebauten Anwesens wuchsen auch die acht Töchter und drei Söhne der Familie auf.

Trotz der Anforderungen, die seine Lehrtätigkeit an den Pädagogen und Familienvater stellten, kam seine publizistische Tätigkeit nicht zu kurz. Neben einer Reihe wissenschaftlicher Schriften wurde GutsMuths als Herausgeber der „Bibliothek der Pädagogischen Literatur" weit über die Grenzen Thüringens hinaus bekannt und anerkannt. In diesem Korrespondenzblatt erschienen Aufsätze und Abhandlungen der bedeutendsten und fortschrittlichsten Erzieher jener Zeit. Sie befassten sich mit dem Gedanken einer Einheitsschule, der Verbesserung der Allgemeinbildung für alle Schichten der Gesellschaft – auch für Mädchen –, einer fachspezifischen Lehrerausbildung und vielen anderen wichtigen Themen. Im Verlauf von fast 20 Jahren gab GutsMuths 53 Bände dieser Zeitschrift heraus, deren Fortsetzung den Titel

Johann Christoph Friedrich GutsMuths

„Neue Bibliothek für Pädagogik, Schulwesen und die gesamte neueste pädagogische Literatur Deutschlands" trug.

Aus seinen zahlreichen wissenschaftlichen und pädagogischen Arbeiten, aber auch aus den ganz persönlichen Briefen, die GutsMuths an Frau Ritter, die Mutter seiner Schüler Hans und Carl, schrieb, erfährt der Leser viel Aufschlussreiches und Interessantes über die Erziehungs- und Bildungsziele und die Lehr- und Lernmethoden in Schnepfenthal. Sie sind so beispielhaft und modern, wie man sie sich für manche unserer heutigen Schulen wünschen würde.

Ostern 1839 beendete der inzwischen fast achtzigjährige geschätzte und anerkannte Pädagoge seine Lehrtätigkeit an der Salzmann-Schule. Wenige Wochen später, am 21. Mai, starb er in Ibenhain und wurde auf dem Waldfriedhof in Schnepfenthal begraben. Seine langjährige Wirkungsstätte ist heute ein Spezialgymnasium für europäische und außereuropäische Sprachen.

Pape sitzt im Gewölbe

Dem Besucher des alten, zur Domgemeinde gehörenden Friedhofs an der Wipertikirche fallen die schweren Eichentüren vor barocken Torbögen auf, die in zwei Etagen den Kapellenberg säumen. Ihre runden, von schmiedeeisernen Gittern gezierten Öffnungen erlauben einen Blick in das geheimnisvolle Halbdunkel gemauerter, in den Berg hineingearbeiteter Gewölbe mit Särgen. Diese Grüfte sind eine für Mitteldeutschland seltene Form der Grablege und gleichzeitig ein lebendiges Spiegelbild der Quedlinburger Kultur- und Familiengeschichte des 18. und 19. Jahrhunderts.

Vor Jahren fast vergessen und hinter Gebüsch versteckt, erleben sie heute eine Renaissance. Nicht nur Einheimische möchten hier ihre letzte Ruhestätte finden. Aus vielen anderen Orten melden sich Interessenten.

Die alten Familiengrüfte erinnern mich an eine schaurig-schöne Geschichte aus meiner Kindheit. Meine Großmutter hat sie mir oft erzählt, abends in der Dämmerstunde, bevor in der Wohnstube das Licht angeknipst wurde. Dann rieselten mir Schauer des Entsetzens über den Rücken und die kindliche Fantasie malte sich alle Einzelheiten aus – wie Herr Pape Blumen am Sarg seiner Frau in der alten Familiengruft niederlegte und der Wind eines trüben Novemberabends die Tür zuschlug. Da sie sich von innen nicht öffnen ließ, musste der „Gefangene" die ganze Nacht im Gewölbe verbringen.

Aus der Barockzeit haben sich reich verzierte Tumbengräber erhalten.

Hinter den Korbbogentüren liegen die ebenerdigen Grabkammern.

Morgens gegen Vier hörten die Knechte des Klostergutes, die auf ihrem Weg zur Arbeit die Abkürzung über den Friedhof und eine heute vermauerte Treppe zum Gutshof benutzten, dumpfe Schreie: „Pape sitzt im Gewölbe, Pape sitzt im Gewölbe!" Nachdem sie ihr nacktes Entsetzen überwunden hatten, befreiten sie den vermeintlichen Geist, der in dieser Nacht weiße Haare bekommen hatte, aus seiner unangenehmen Lage.

In den Friedhofsakten des Kirchenarchivs tauchen viele Namen von bekannten Bürgerfamilien des 18. Jahrhunderts auf. Alle, die zu jener Zeit in Quedlinburg Rang und Namen hatten, ließen sich auf dem Wipertifriedhof zur letzten Ruhe betten, auch die Bürgermeisterfamilie Schwalbe, in die eine Tochter Dorothea Christiana Erxlebens eingeheiratet hatte.

Robert Bosse berichtet in seinen Jugenderinnerungen, dass der altstädtische Bürger-

meister Christian Georg Schwalbe mit Perücke und großem spanischen Rohr durch die Straßen der Stadt stolziert sei und die Liktoren (Ratsdiener) vor ihm hergerufen hätten: „Gaht op de Halbe, jetzt kimmt der Borgermeester Schwalbe!"

Auch Bürgermeister Johann August Donndorf (1754–1837) hat hier seine letzte Ruhestätte gefunden. Er vertrat die Stadt Quedlinburg in der schwierigen Phase der Auflösung des Stiftes 1802 und der Zeit schwerer Bedrückungen während der napoleonischen Fremdherrschaft. Das mit einem dekorativen Erker geschmückte Wohnhaus der Familie steht in der Breiten Straße 15.

Der uns aus seinen handschriftlichen Memoiren bereits bekannte Johann Andreas Kranz ließ 1790 eine Gruft für seine Familie auf dem Wipertifriedhof errichten. Das 1805 angelegte „Verzeichnis der zu St. Wiperti in der Kirche

und auf dem Kirchhofe befindlichen Begräbnis-Gewölbe" nennt unter der Nr. VII „Das Kranzsche Gewölbe". Die Eintragung lautet: „Der Kaufmann Johann Andreas Kranz in der Altstadt hat dieses Gewölbe erbauet, wozu fürstl. Stifts-Consistorium unterm 28. Octbr. 1790 Concesion ertheilet hat."

Für die Überlassung des Platzes musste er 16 Reichstaler zahlen. Beigesetzt wurde hier u. a. die bereits früher verstorbene Schwiegermutter, Madame Schacht. Sie ist 1790 in die neue Gruft umgebettet worden. 1803 folgte eine Schwägerin, Hofrätin Kranz, geb. Becker. Fünf Jahre später fand Johann Andreas Kranz hier selbst seine letzte Ruhestätte, ebenso wie 1813 seine Frau, Madame Kranz, geb. Schacht. Außer den Familienmitgliedern wurde auch der langjährige Angestellte, der Handlungsdiener Johann Jacob Schlickeisen, im Kranz'schen Gewölbe beigesetzt sowie im 19. Jahrhundert Mitglieder der Familie Grünhagen.

In seinen Kindheitserinnerungen beschreibt Adolf Ernst, der in jenen Jahren mehrmals seine Ferien bei den Quedlinburger Verwandten verbrachte, die Besuche an der Familiengruft auf dem Wipertifriedhof. Das Gewölbe der Verlegerfamilie Ernst befand sich ganz in der Nähe der Kranzschen Gruft und trug die Nr. V. Der

Buchhändler Friedrich Joseph Ernst hatte es 1809 erworben. Es war vorher im Besitz der Familie des herzoglichen Oberjägers Johann Christoph Rennert gewesen.

Außer den ebenerdigen Grabkammern nennt das Verzeichnis von 1805 „Gewölbe in der Erde an verschiedenen Stellen des Kirchhoffs" sowie Gewölbe und ausgemauerte Gräber in der Kirche selbst. Hier wurde unter dem Turm (am heutigen Nordeingang) Andreas Elias Goeze beigesetzt, der am 26. Oktober 1723 verstorbene Pastor an St. Wiperti. Seine Grabstelle war 1805 mit Ziegelsteinen überpflastert. Goeze hatte eine Armen- und Arbeitsschule auf dem Münzenberg begründet, um die Not der Bewohner zu lindern.

Sein berühmterer Namensvetter Johann August Ephraim Goeze fand seine letzte Ruhestätte über den Gewölben auf der Höhe des Kapellenberges. Eine Inschrift auf dem stattlichen Denkmal lässt die große Liebe des 1731 in Aschersleben geborenen und ab 1762 an der Quedlinburger Blasiikirche tätigen Theologen zu allem, was kreucht und fleucht, erahnen:

Die Grabkammern auf dem Kapellenberg sind in Etagen angeordnet.

Die Symbolik auf den Türen zeigt das mit einem Kranz umwundene Kreuz, den Anker und die erlöschende Lebensfackel.

Er sucht und fand den Schöpfer der Natur
Im Wurm im Tropfen Thau in jedem Blümchen
der Flur
Wie wird sein Forschergeist sich freun
In dieser Seeligkeit soweit voraus zu sein.

Johann August Ephraim Goeze erwarb sich besondere Verdienste bei der Klassifizierung und Beschreibung der Gattung der Würmer. Der Titel seines Hauptwerkes lautet „Versuch einer Naturgeschichte der Eingeweidewürmer thierischer Körper". Um sich seinen naturwissenschaftlichen Studien noch intensiver widmen zu können, gab er 1786 seine Pfarrstelle auf und wechselte als Diakon an die Stiftskirche St. Servatii. In seinem Wohnhaus am Schlossberg 9 richtete er ein wertvolles Naturalienkabinett ein, dessen Exponate später an das Reichsmuseum in Stockholm verkauft worden sind.

Nahe der Kirche befand sich auch das unterirdische Gewölbe der Familie Klopstock. Es lag dem Verzeichnis zufolge links des Ganges zur großen Kirchentür, etwa in der Mitte des Platzes. Als Bestattungen werden erwähnt: 1722 und 1731 die Großeltern, 1756 der Vater, zwischen 1762 und 1809 drei Schwestern des Dichters.

Die Familie des Quedlinburger Malers Wilhelm Steuerwaldt war nicht nur späterer Besitzer des Klopstockhauses, sondern hatte vermutlich auch ihre Grabstätte in unmittelbarer Nachbarschaft zur Klopstock'schen Familiengruft. Sowohl die Eltern des Künstlers wie auch er selbst sind hier beigesetzt worden. Leider sind die Ruhestätten beider Familien nicht erhalten geblieben.

Der Superintendent und Quedlinburger Chronist Johann Heinrich Fritsch fand 1829 auf dem Wipertifriedhof seine letzte Ruhestätte. 1828 war die von ihm verfasste „Geschichte des vormaligen Reichsstifts und der Stadt Quedlinburg" erschienen. Seinen Bemühungen war es zu danken, dass der von König Jérôme nach Kassel transportierte Domschatz 1820 nach Quedlinburg zurückkehrte.

In unmittelbarer Nähe der Wipertikirche befindet sich die Grabstätte des Vaters von Carl Ritter. 1851 hatte der in Quedlinburg geborene berühmte Geograf noch einmal seine Vater-

Vor der Wipertikirche liegt die Grabstätte des Quedlinburger Arztes Dr. Friedrich Wilhelm Ritter, des Vaters von Carl Ritter.

stadt und das Grab auf dem Wipertikirchof besucht. In seinem Tagebuch notierte er dazu: „Um 2 Uhr zum Kirchhof an der Bode entlang, vorn am Wege das renovierte Grabmahl."

Das schöne klassizistische Denkmal hatte die Herzogin Charlotte von Schleswig-Holstein ihrem verdienstvollen Leibarzt setzen lassen. Es trägt die folgende Inschrift:

Friedrich Wilhelm Ritter,
der
Arzneigel. Doctor und Fürstl.
Quedlinb. Leibarzt ist
geb. zu Calbe am 21ten Februar 1747
gest. zu Quedlinburg am 10ten Juni
1784
Mit den Thraenen
vieler Edlen und Guten
vereint die Ihrigen
Charlotte

Herzogin zu Schleswig-Holstein
Pröbstin des Stifts Quedlinburg
und
setzt ihm dieses Denkmal.

Im 19. und beginnenden 20. Jahrhundert fanden hier die Gründer und Familienmitglieder der großen Saatzuchtbetriebe Dippe und Mette, die einst der Stadt Weltgeltung verschafften, ihre letzten Ruhestätten.

Auf dem jüngeren jenseits der Straße liegenden Teil des Friedhofs wurde 1964 die Quedlinburger Malerin Dorothea Milde begraben. Die 1887 in Breslau geborene Künstlerin kam Ostern 1911 als junge Zeichenlehrerin an das Quedlinburger Lyzeum, eine höhere Töchterschule in der Weberstraße (heute Nikolai-Grundschule), musste aber bereits 1929 wegen eines Gehörleidens aus dem Dienst ausscheiden.

Von da an lebte sie einsam und isoliert auf ihrem Grundstück weit außerhalb am Bornholzweg. Ihre kreativste Schaffensperiode lag in den Jahren vor und unmittelbar nach dem Ersten Weltkrieg. Sie hat Kunstseminare in Dresden und Weimar besucht und enge Kontakte zum Worpsweder Künstlerkreis geknüpft. Ihre Liebe zu Quedlinburg drückte sie in vielen, meist grafischen Arbeiten aus, die in Sammelmappen erschienen sind.

Viele ihrer Landschaftsbilder strahlen in oft düsteren Farben Melancholie und Einsamkeit aus – Wesenszüge, die ihr selbst zu eigen waren. Den größten Teil ihres künstlerischen Nachlasses übergab sie dem Gleimhaus in Halberstadt.

Über den Friedhof hinweg öffnet sich der Blick auf den Münzenberg.

Lebensgroße Plastiken schmücken die Ruhestätten des wohlhabenden Bürgertums.

Auf dem Münzenberg

Alles uralt

Die alte Stadt, *die alten Häuser, die alten Onkel und Tanten, alles paßte zusammen und heimelte mich, so fremdartig es mir vorkam, doch an ...*

So empfand der zehnjährige Adolf Ernst, ein Berliner Großstadtkind, Quedlinburg um die Mitte des 19. Jahrhunderts. Mit seinen Eltern besuchte er 1855 zum ersten Mal die Quedlinburger Verwandten. Sein Vater, der Geheime Oberjustizrat Wilhelm Ernst, war eines von fünf Kindern einer Buchhändler- und Verlegerfamilie am Kornmarkt.

Dort hatte der aus Halle stammende Großvater Friedrich Josef Ernst kurz vor seiner Heirat 1783 eine Verlagsbuchhandlung eröffnet. Sie befand sich in zwei Fachwerkhäusern gegenüber der Marktkirche (Kornmarkt 1 und 2). 1893 ließ die Stadt sie abreißen, um die Einmündung in die Schmale Straße zu verbreitern.

Als der Junge nach Quedlinburg kam, erlebte er dort die beiden unverheirateten Onkel Fritz und August, die gemeinsam die Buchhandlung weiterführten. Die ältere der beiden Tanten hatte mit 32 Jahren Professor Ihlefeld geheiratet, den verwitweten Konrektor des Quedlinburger Gymnasiums, die jüngere den Justizrat Nordmann. Sein Haus stand in der Marktstraße neben dem alten Ratskeller und ist heute ein Teil der Quedlinburger Möbelhalle.

Bei ihrer Gründung 1887 ist das Erdgeschoss des stattlichen Fachwerkhauses umgebaut worden. Anstelle der ursprünglichen breiten Toreinfahrt entstand die jetzige Schaufensterfront. Die von Adolf Ernst so anschaulich geschilderten alten Fachwerkgebäude entlang des schmalen Innenhofes sind bis heute fast unverändert erhalten geblieben. Der angrenzende Ratskeller (Markt 16) wurde 1894 abgerissen und durch ein massives Geschäftshaus ersetzt.

Die Kindheitserinnerungen des später in den Adelsstand erhobenen und in Stuttgart tätigen Professors Adolf Ernst sind so fantasievolle Schilderungen, dass Personen und Gegenstände wie lebendig und zum Greifen nah erscheinen: ein anschauliches und liebevolles Bild des Quedlinburgs vor 150 Jahren.

Wir wohnten in dem alten Patricierhause des Onkels Nordmann in der Marktstraße, schon von außen durch riesige hölzerne Torflügel gekennzeichnet, in die eine kleinere, für den gewöhnlichen Verkehr bestimmte Einlaßpforte eingelassen war und ein Türklopfer in Gestalt eines blank geputzten messingen Löwenkopfes mit beweglichem, aus dem Maul heraushängenden Klopfring wohl erst wieder durch uns Kinder in Tätigkeit gesetzt wurde, denn die Tür war verschlossen und beim Öffnen ertönte selbsttätig eine Glocke, um die Hausbewohner aufmerksam zu machen, daß jemand eingetreten war. Ich brachte es aber bald fertig, die Tür so vorsichtig und langsam zu öffnen, dass die Glocke nicht ertönte, um dann triumphierend meinen heimlichen Eintritt zu melden.

Innen betrat man zunächst eine sehr hohe und breite Einfahrt mit unregelmässigem, aber tadellos sauber gekehrtem, leicht mit weissem Scheuersand bestreuten Pflaster, die etwas über die Hälfte der Grundfläche des ganzen Vorderhauses in Anspruch nahm und selbst in der Mitteldurchfahrt dem grössten Erntewagen Durchlaß geboten haben mußte. Die linke Seitenhälfte war durch eine Säulenreihe etwas abgetrennt, die wohl wesentlich mit zur

Wohnhaus des Buchhändlers Ernst

Stützung des darüber liegenden Stockwerkes diente, vielleicht auch in den alten Zeiten den jetzt leeren, vollständig unbenutzten Raum zum Ab- und Aufladen von Waren abgrenzten, denn manches andere deutete darauf hin, dass das ganze Gebäude ursprünglich auch kaufmännischen Zwecken mit Warenlagern oder Kornspeichern gedient hatte. Nach hinten war die Durchfahrt wieder durch große Torflügel gegen den Hof abgeschlossen. Links neben dem Hoftor führte aus dem Hintergrunde der großen Halle eine kurze Treppe in ein bereits im Seitenflügel des Hintergebäudes liegendes Parterrezimmer. Der Haupttreppenaufgang zweigte sich aus der Halle gleich vorn nach rechts ab und mündete zunächst nach einer kurzen Windung auf einem Absatz mit den Eingangstüren zur Fortsetzung der Treppe nach der im ersten Stock gelegenen Hauptwohnung und zu einer kleinen, an eine einzelne Dame, Frl. Schwalbe, vermieteten Parterrewohnung, die neben der Einfahrtshalle nur aus zwei in der Haustiefe hintereinander liegenden Zimmern bestand, mit Küche und Wirtschaftsräumen im anstoßenden Flügel der Hintergebäude. Auch Fräulein Schwalbe schwebt mir nur als ganz alte Dame vor. Sie war sehr gross und starkknochig, selbst die wenigen Zähne, die sie noch besaß, waren größer als gewöhnlich, weil sie ohne Abnützung durch Gegenzähne ihr Wachstum ungehindert fortsetzen konnten. Vereinzelte lange blonde

Wohnzimmer im Nordmannschen Haus in der Marktstraße

Barthaare im Gesicht verstärkten den männlichen Eindruck der ganzen Erscheinung, von der man sich schwer vorstellen konnte, dass sie einst auch jugendliche Mädchenjahre durchlebt hatte. Im übrigen war Fräulein Schwalbe ein gutherziges Wesen und wenn auch nicht gerade nähere Beziehungen zu unseren Verwandten gepflegt wurden, doch mindestens als Hausgenossin ein altes Inventarstück des Hauses, das die allgemeinen Familienverhältnisse mit Interesse verfolgte.

Öffnete man die Zugangstür zur Wohnung im ersten Stock, nachdem man alle Fußreinigungsapparate sorgfältig, der Hausordnung entsprechend, benutzt hatte, um ja keinen Straßenschmutz weiter zu schleppen, so stand man vor einer schnurgerade steil ansteigenden Treppe mit glänzend weiß gescheuerten eichenen Stufen, die zwischen geschlossenen Seitenwänden oben im ersten Stock auf einen großen Vorsaal mündete, der sich hinter den drei Vorderzimmern über die ganze Breite des Vorderhauses erstreckte. Die Treppenstufen hatten sehr kurze Auftrittflächen, so dass bei der Steilheit und Glätte der ganzen Treppe vorzüglich das Hinabgehen recht unbequem und auch nicht ungefährlich war, weil man auch an den starkwulstig ausgebildeten, massiven Holmen der Seitengeländer mit der Hand keinen Halt fand, denn im Anschluss an die balustradenartige Einfassung der Treppenmündung waren auch die aus den abwärts führenden Seitenwänden vorspringenden Geländer im Charakter kräftiger Balustraden mit so breiten und starken eichenen Kopfbohlen ausgeführt, dass man sie mit der Hand nicht umspannen konnte. Ja dieser Geländerkopf bildete mit einer eingearbeiteten flachen Rinne

z. B. eine ganz regelmäßig benutzte Gleitbahn, um der unten wohnenden Fräulein Schwalbe ausgelesene Zeitungen u. dergl. mühelos zuzustellen. Unfreiwillig benutzte auch mancher die Treppe selbst als Rutschbahn und es wurde behauptet, daß vor allem jede Braut aus der Verwandtschaft in dieser Form dem Eintritt in die Familie einen Tribut zu zollen habe. Das kam besonders leicht, wenn man sich beim Verabschieden während des Hinabsteigens nochmals mit dem Gesicht nach rückwärts wandte, um den oben stehenden noch einen Gruss zuzunicken. So geschah es dann auch 1875, als ich Suschen als Braut der Tante bei unserem ersten Besuch als Brautleute zuführte ...

Der Treppenvorsaal des ersten Stocks empfing sein Licht aus zwei nach dem Hof hinaus führenden Fenstern und führte außerdem rechts und links in die Seitenflügel, welche den langgestreckten Hof zu beiden Seiten einschlossen. Den Querabschluß der Seitenflügel bildete am hinteren Ende des Grundstückes ein großes Scheunengebäude, über dessen Tor ein sehr plastisch gemalter Bauernkopf mit der Pfeife im Munde anscheinend aus einem Fenster herausschaute. Dieser alte Bilderschmuck hat mich nicht nur als Kind, sondern immer wieder auch später interessiert. Der behagliche Bauernkopf gehörte zu den stummen Bewohnern des Hauses und ihm galt nach der ersten Begrüßung mit dem Verwandten immer wieder mein erster Gruss, wenn ich aus dem Vorsaalfenster auf den Hof hinausschaute ...

Tante Caroline war wie damals, so auch später bei jedem Besuch von uns, und selbst wenn ich allein zu ihr kam, stets bemüht für die Bewirtung das Beste herrichten zu lassen ...

Dass Quedlinburg nicht mit Unrecht den Ruf genoß, sehr gutes Kuchengebäck zu lie-

Wohnzimmer des Buchhändlers Ernst

fern, vor allem sehr schmackhafte Zuckerbrezeln sowie vorzügliche Sandtorten, konnte ich schon als Knabe vollständig würdigen und begrüßte es mit besonderer Freude, daß der Kuchenkorb bereits morgens beim ersten Frühstück auf dem Kaffeetisch stand ...

Das großelterliche Haus lag an der Ecke eines Kirchplatzes und einer schmalen Gasse. Es war eins der ältesten Häuser Quedlinburgs, in welchem noch die beiden alten Onkel als Junggesellen mit einer Wirtschafterin hausten, die auch schon das kanonische Alter überschritten hatte. Das war die alte Rieke, die Jahrzehnte ihres Amtes waltete. Wie alle alten Quedlinburger Häuser ein Fachwerkbau mit vorspringenden Stockwerken, vielen kleinen Fenstern und hohem Ziegeldach, war die innere ganz wunderbar verzwickte und jeder Bequemlichkeit hohnsprechende Einrichtung von aussen nicht zu ahnen, denn die Stuben und Kammern, die nach dem äußeren Eindruck der Fensteranordnung in gleicher Höhe zu liegen schienen, waren im Innern bei ganz verschiedener Zimmerhöhe durch Treppenstufen mit einander verbunden.

Man betrat das Haus durch den an der Ecke zu ebener Erde untergebrachten Buchladen, der sich als solcher, außer durch das Firmenschild durch eine spärliche Auslage von Drucksachen hinter gewöhnlichen Fenstern kennzeichnete. Der Raum war schmal und mäßig lang, mit Bücherregalen an den Wänden, auf denen sich vorzugsweise nur die eigenen Verlagsartikel befanden, einem durch den Raum laufenden Ladentisch mit weiss gescheuerter Platte, hinter den man nur am hinteren Ende gelangen konnte, wo an den Laden auch ein winziges Contor stieß, das gerade für die Arbeitsplätze des Prokuristen Herrn Springinsgut und eines jungen Gehülfen ausreichte. Ein Fenster, in der Trennungswand nach dem Laden zu durchgebrochen, gestattete von dem Arbeitsplatz des Herrn Springins

gut den Verkaufsraum zu überblicken, und sobald beim Öffnen der Ladentür diese ihre Glocke in Tätigkeit setzte, schob der schon weitsichtige ältliche Herr, der nur im Vergleich mit dem Geschäftsinhaber noch als Jüngling erschien, die Brille von der Nase auf die Stirn, um den Eintretenden erkennen zu können ... Aus dem Hintergrund des Ladens gelangte man in einen nach dem Hof zuführenden Ausgang und in diesem gleich nach rechts umbiegend auf eine kurze dunkle Treppe, auf die nur aus der Ferne vom Hof durch den Hausgang noch etwas spärliches Licht fiel. Am Treppenabsatz stand man vor der Tür des Hauptwohnraumes und Arbeitszimmers, von dessen Lage es zweifelhaft ist, ob man sie zum Hauptparterre oder zum ersten Stock rechnen soll. Der Fußboden lag ein beträchtliches Stück tiefer als die Decke des Ladens, neben dem sich das Zimmer der Länge nach erstreckte und durch ein in die beiderseitige Grenzmauer über dem Fußboden durchgebrochenes Fenster sogar in direkter Verkehrsverbindung stand, so daß auf diesem Weg nicht nur kurze Aufträge an das Geschäftspersonal erteilt, sondern auch die Schriftsachen ausgewechselt wurden. Die Decke des Wohnzimmers reichte andererseits bis an das Holzgebälk des zweiten Stockwerkes, während unter dem Fußboden nur ein sehr niedriger Raum ohne Fensterlicht von der Straße und ohne Verbindung mit dem Laden übrig blieb, den ich nie betreten habe, ich weiß also auch nicht, ob und woher er Licht bekam, denn das Haus hatte sogar die Eigentümlichkeit, daß die mit dem Wohnzimmer auf gleicher Treppenhöhe nach rückwärtsliegende Küche so vollständig im Hausinnern lag, daß auch hier keine direkte Tagesbeleuchtung, kein Fenster vorhanden war und nur durch die offne Tür vom halbdunklen Vorplatz aus ein Lichtschimmer hineinfiel, wenn drinnen die Lampe nicht brannte. Das Wohnzimmer hatte nach dem Kirchplatz zu drei sehr dicht an

Stiftungsurkunde für den Ernstschen Knabenhort

Außer den alten Familienhäusern bot auch sonst die Stadt viel Altertümliches, was auch mich schon als Kind sehr anzog, wenn ich auch vieles erst später nach seinem wirklichen Kunst- und Geschichtswert voll würdigen lernte.

Als 1890 der Letzte der ernstschen Brüder, der Buchhändler August Ernst, in Quedlinburg starb, hinterließ er ein beträchtliches Vermögen. Sein Testament enthält Legate von insgesamt 11 000 DM zugunsten der Elementarlehrer-Witwenkasse, des Vereins der Kinderfreunde, des evangelischen Vereinshauses und „verschämter Armer". Seine Erben, Professor Adolf Ernst und Justizrat Friedrich Ernst, schenkten der Stadt die beiden Häuser am Kornmarkt und weitere 50 000 DM aus dem Nachlass ihres Onkels. In einem Brief vom 28. Januar 1891 an den Magistrat der Stadt Quedlinburg spricht Friedrich Ernst von einem Gefühl dankbarer Liebe, das ihn und seinen Bruder Adolf mit der Stadt verbindet:

Seit unserer frühesten Kindheit ist uns aus dieser Stadt nur zugeflossen, was uns im Leben gestärkt und gefördert hat. Wir empfinden deshalb das Bedürfnis, dieses Verhältnis, das uns mit der Stadt verbindet, nicht mit dem Tode des letzten Vertreters unserer Familie vergehen zu lassen, sondern wünschen, daß auch die Stadt unserer Familie eine dankbare Erinnerung zu bewahren im Stande ist.

Entsprechend dem Wunsch der Spender wurde im Januar 1893 eine Stiftung ins Leben gerufen, die das Ziel hatte, schulpflichtige Kinder unbemittelter Familien zu betreuen. Sie erhielt den Namen „Ernstscher Knabenhort" und war in der Blasiistraße 13 untergebracht. Noch 1932 flossen Mittel aus dieser Stiftung in den inzwischen vom „Vaterländischen Frauenverein" geführten und auch für Mädchen zugänglichen Schulhort, der sich zu dieser Zeit dem Landratsamt gegenüber in der Heiligegeiststraße befand.

einander liegende Fenster und war hell und freundlich, wenn auch alle Andeutungen vom Komfort auf das alte unbequeme Sofa mit schwarzen Überzug aus glänzendem, glatten Pferdshaargewebe beschränkt blieb, der erst in späteren Jahren durch einen wollenen ersetzt wurde. Selbst der über siebzigjährige Onkel Fritz saß noch immer auf einem einfachen Rohrstuhl. Sein gewöhnlicher Platz war in der einen Ecke am Fenster mit einem kleinen Tischchen vor sich auf dem ein Zeitungsblatt zu liegen pflegte. Da saß er im grauen Schlafrock mit der langen Pfeife, mit braunem runzligen Gesicht und bereits sehr dürftigen Augenbrauen und Augenwimpern, viel früher gealtert als seine Geschwister, vor allem sein Bruder August, aber doch noch rüstig genug, um noch über ein Jahrzehnt später täglich einen kleinen Spaziergang zu machen und abends im benachbarten Bunten Lamm eine Partie Billard zu spielen ...

Eine Stadt blüht auf

Wir finden viele Morgen weit *ein Blumenfeld neben dem ande-*
ren, blühenden Mohn in verschiedenen Farbspielen, wohl-
riechende Wicken, blaue Gartenlupinen, Schmetterlingsblumen,
Godetien, Phlox, Reseda usw. Eine Welt von Duft und Farben
umgibt uns, über die hinweg der Blick zu den nahen Harzber-
gen schweift …

So beschreibt eine Broschüre aus dem Jubiläumsjahr 1922
dem Besucher, was ihn in Quedlinburg erwartet – ein Eindruck,
der sich heute nur noch beim Betrachten alter Ansichtskarten
nachvollziehen lässt. Wie ein Ring legte sich die Blumenpracht
in weitem Bogen um die Stadt. Sogar die Bodeufer zwischen

Um 1900 wurde durch den Abriss des
St.-Spiritus-Hospitals Baufreiheit für
eine repräsentative Geschäftsstraße mit
Bauten des Historismus und Jugendstils
geschaffen. Sie verbindet Altstadt und
Neustadt.

Jugendstilornamentik am Haus Steinbrücke 11

Stumpfsburger und Oeringer Brücke waren mit Blumen be-
pflanzt. Mit den eingangs aufgezählten Arten erschöpfte sich
die Produktionspalette der Quedlinburger Gartenbaubetriebe
keineswegs.

Astern, Levkojen, Nelken, Primeln, Petunien, Löwenmäulchen,
Rittersporn, Goldlack, Akelei, Vergissmeinnicht, Lobelien – die
Aufzählung ließe sich noch weiter fortsetzen. Allein die Gebrüder
Dippe AG, der größte der Quedlinburger Saatzuchtbetriebe, be-
wirtschaftete im Jahre 1932 Blumen- und Gemüsezuchtgärten
mit einer Ausdehnung von 25 Hektar. Dazu gehörten zum Beispiel
der Abteigarten, der Lazarettgarten (Rosengarten) und der Dra-
chenlochgarten. 2,8 Hektar nahmen die Gewächshäuser ein. Auf
Stellagen wurden jährlich 500 000 Topfpflanzen zur Samen-
gewinnung genutzt.

Die Firma Mette besaß mit dem riesigen Stumpfsburger Garten eine attraktive Schau- und Zuchtanlage und produzierte auf
einer ebenso großen Fläche wie die Firma der Gebrüder Dippe.
Immerhin noch je fünf Hektar Gartenfläche bearbeiteten die
Firmen David Sachs (später Schreiber und Söhne) und H. Wehrenpfennig.

Trotz dieser beachtlichen Ausmaße machte der Export von
Blumensamen nur etwa zehn Prozent des Gesamtvolumens aus.

Jugendstilvilla in der Wallstraße: Um
die Wende vom 19. zum 20. Jahrhundert legte sich ein Ring von Villenstraßen um den alten Stadtkern.

Das große Geld verdienten die Quedlinburger Saatzuchtbetriebe mit Zuckerrüben. Bedingt durch die Kontinentalsperre in der ersten Hälfte des 19. Jahrhunderts, die die Einfuhr von Rohrzucker erschwerte, bekam in Deutschland der Anbau von Zuckerrüben große Bedeutung. Die Quedlinburger Samenbauer, besonders Mette und Keilholz, hatten das frühzeitig erkannt.

Gustav Adolf Dippe begann erst 1860 damit. Mit einer neuen, die Saatzucht revolutionierenden Methode – der Individualauslese mit Nachkommenschaftsprüfung – gelang es ihm in den folgenden Jahren, Hochleistungssorten auf den Markt zu bringen. Kein Wunder also, wenn das Quedlinburger Saatgut in aller Welt gefragt war. Auf dem Güterbahnhof wurden in der Saison täglich 40 bis 60 Waggons damit beladen. Der Mettehof am Gernröder Weg besaß einen eigenen Gleisanschluss. In der Kaiser-Otto-Straße erinnert heute noch das Zollamt an diese Zeit der wirtschaftlichen Blüte.

Die Ursachen dieses in der zweiten Hälfte des 19. Jahrhunderts einsetzenden Aufschwungs waren vielfältig. Die fruchtbaren Böden des nördlichen Harzvorlandes, das hügelige Relief mit seinen windgeschützten Tallagen und die trockenen Spätsommer im Regenschatten des Brockens boten günstige Voraussetzungen für das Ausreifen der Samen. Schon zu Zeiten des Stifts hatte Quedlinburg eine ungewöhnlich große Feldflur besessen. Sie erstreckte sich über 30 000 Morgen (7500 Hektar) und bildete zu allen Zeiten die Grundlage für die Dominanz der

Blick auf den ehemaligen Wirtschaftshof der Firma Dippe am Neuen Weg

Die Dippe-Villa am Neuen Weg

landwirtschaftlichen Entwicklung vor Ort. Das änderte sich auch mit der aufkommenden Industrialisierung nicht.

In den großen Stiftsgärten hatten erfahrene Gärtner seit Jahrhunderten Zier- und Gemüsepflanzen kultiviert. Ihr fachliches Wissen bildete ein starkes Potenzial. Als nach der Auflösung des Kaiserlichen Freiweltlichen Damenstiftes seine noch verbliebenen Ländereien einschließlich der Gärten verkauft wurden, haben Quedlinburger Familien mit deren Erwerb den Grundstein für ihre späteren Saatzuchtbetriebe gelegt.

1811 kaufte beispielsweise Burchard Heinrich Mette den Dechaneigarten, den er zuvor bereits als Pächter bewirtschaftet hatte. Das Stammhaus der 1784 gegründeten Firma stand im Westendorf südlich des Schlossberges und bildet heute einen Teil des Hotels „Zum Brühl". Auf 750 Hektar eigenem Ackerland, von dem sich die Hälfte um die Gersdorfer Burg erstreckte, wurden Zuckerrüben-, Blumen- und Gemüsesamen gezüchtet. Die Firma Mette beschäftigte etwa 900 Angestellte und betrieb ein eigenes Forschungslabor.

Am 1. März 1850 übernahmen die Brüder Gustav und Christoph Lorenz Dippe die Gärtnerei ihres Vaters. Die Familie war

Der Bildhauer Richard Anders schuf das Denkmal für den Gründer des Saatzuchtbetriebes Gustav Adolf Dippe auf dem ehemaligen Betriebshof im Neuen Weg.

Hofansicht der Villa
am Dippe-Wirtschaftshof

Das Gutshaus des ehemaligen Wiperti-
Klostergutes, 1947 entstand dort eine
Gartenbaufachschule.

bereits seit Generationen im Quedlinburger Gartenbau tätig. Schon 1706 hatte Martin Christoph Dippe einen Garten „vor dem Neuweger Thore" und weitere Ländereien erworben. Mit Fleiß, fachlichem Können und kaufmännischem Geschick entstand unter der Leitung Gustav Adolf Dippes aus dem kleinen Familienbetrieb ein Unternehmen von Weltgeltung.

Nach seinem Tod 1890 übernahmen die später in den Adelsstand erhobenen Söhne Fritz und Karl zusammen mit dem Schwiegersohn Carl Esche die Firma und wandelten sie 1915 in eine Aktiengesellschaft um, ohne allerdings fremdes Kapital aufzunehmen. Vorstand und Aufsichtsrat setzten sich mit wenigen Ausnahmen aus Familienmitgliedern zusammen.

4500 Hektar umfasste 1930 der Landbesitz. Der Jahresumsatz lag bei 30 bis 40 Millionen Reichsmark. Das entspricht etwa 400 Millionen Euro. Der Firmensitz befand sich auf dem Haupthof im Gebiet zwischen Neuem Weg, Seilergasse und Turnstraße.

Hier und auf den Gütern in Halberstadt, Oschersleben und Neundorf arbeiteten 160 Beamte, 12 Saatzuchtinspektoren und Obergärtner, 2000 Landarbeiter, 130 Gärtnergehilfen, 60 Hofmeister und Aufseher, 300 Ochsen- und Pferdeknechte sowie 125 Betriebshandwerker. Dazu kamen Saisonarbeiter und Heimarbeiterinnen zum Verlesen des Saatgutes per Hand. In den Ställen standen 320 schwere belgische Arbeitspferde, 180 Maultiere, 45 Kutsch- und Reitpferde, 300 Ochsen, 630 Kühe und Kälber, 6500 Schafe und eine große Anzahl Schweine. Alles in allem: ein kleines Imperium.

Ähnlich erfolgreich, wenn auch nicht in dieser Größenordnung, entwickelten sich die übrigen Quedlinburger Samenzuchtbetriebe. Zu ihnen gehörten u. a. die Firmen Graßhoff (später Grußdorf), Ziemann (später Sperling), Kettenbeil, Keilholz, Roemer, Wehrenpfennig, Sachs (später Schreiber), Teupel, Beck, Pape und Bergmann, Storbeck und der heute noch bestehende Saatzucht- und Gartenbaubetrieb P. J. Schmidt.

Der wirtschaftliche Aufschwung jener Zeit fand seinen starken Niederschlag im Stadtbild. Ähnlich wie nach dem Dreißigjährigen Krieg, als innerhalb eines halben Jahrhunderts mehr als 500 Fachwerkhäuser entstanden, setzte ein gewaltiger Bauboom ein. Quedlinburg wuchs erstmals über seine mittelalterlichen Grenzen.

Die Stadttore wurden abgerissen, Teile der Stadtmauern niedergelegt. Ein Ring von Villenstraßen mit architektonisch reizvollen Bauten der Gründerzeit und des Jugendstils bildete einen attraktiven Rahmen um den historischen Kern. Im Stadtzentrum

Die Geschichte Heinrichs des Voglers. Darstellung auf einem Glasfenster des Rathauses

zwischen Steinbrücke und Pölkenstraße wird nach Abriss des Heiligen-Geist-Hospitals die Lücke zwischen Alt- und Neustadt durch eine repräsentative Geschäftsstraße geschlossen. Die von ihr abzweigende Bahnhofstraße war bereits in den Jahren nach 1862 bebaut worden. Jenseits der Bahnlinie entstand mit der Süderstadt das erste Industrieviertel Quedlinburgs.

Die vielen schönen Villen der Gründerzeit und des Jugendstils in der Adelheidstraße, dem Harzweg, der Kaiser-Otto-Straße und der Wallstraße fallen nicht nur durch ihre fantasievolle Formgestaltung auf, sondern auch durch kunstvolle farbige Bleiglasfenster. Es sind fast ausschließlich Arbeiten der Quedlinburger Firmen Ferdinand Müller und L. W. Schneemelcher. Sie begründeten vor mehr als hundert Jahren die traditionellen Verbindungen der Stadt zur Glasmalerei.

Besonders die Firma Müller entwickelte sich bald zu einer der bedeutendsten Glasmalereien in Deutschland. Sie lieferte ihre Erzeugnisse bis nach Jerusalem, St. Petersburg und Philadelphia. Unter der Leitung von Frank Schneemelcher arbeitet die Firma noch heute erfolgreich bei der Restaurierung und Neugestaltung von Glasmalereien und Bleiverglasungen.

Als Folge des wirtschaftlichen Aufschwungs konnten kommunale Bauaufgaben in bisher nicht gekanntem Umfang verwirklicht werden. 1862 zog das Gymnasium aus dem alten Franziskanerkloster in ein neues Gebäude in der Heiligegeiststraße (heute Carl-Ritter-Bildungshaus). Weitere Schulneubauten entstanden in den folgenden Jahren, zum Beispiel die Bosseschule, die Realschule (heute GutsMuths-Gymnasium), die Pestalozzischule für Schwachbegabte und die Berufsschule am Bosseplatz.

Die städtische Badeanstalt ist ein repräsentativer Jugendstilbau mit traditionellen Fachwerkelementen.

1901 erweiterte der Magistrat das Rathaus um zwei Seitenflügel. Ihnen mussten die Scharrengasse und das Bäckergildehaus weichen. Anstelle der abgerissenen Steinbrücker Mühle wurde 1898 ein stattliches Geschäftshaus der städtischen Gas- und Wasserwerke errichtet. Zwischen 1881 und 1903 entstanden das Wasserwerk am Brühl, die Post, das Gas- und Elektrizitätswerk in der Rathenaustraße, das Jugendstil-Hallenbad im Damm und das Krankenhaus am Ditfurter Weg.

Schon 1909 war der Bau einer städtischen Kanalisation abgeschlossen. Quedlinburg gehörte damit zu den modernsten Kommunen jener Zeit. Am 1. Oktober des gleichen Jahres zogen der Regimentsstab sowie das I. und III. Bataillon des Infanterieregiments 165 in den Kasernenneubau zwischen Halberstädter Straße, Schillerstraße und Gneisenaustraße.

Detail vom „Heinrichsbrunnen" in der Turnstraße

rechts: Der Architekt Friedrich Staeding entwarf für den Hauptaktionär der Nachterstedter Kohlengruben Georg Lindenbein eine der prunkvollsten Villen der Stadt in der Wallstraße.

Blick vom Abteigarten auf den Turm der Gartenbaufachschule

In der Süderstadt wurde 1906 die Johanniskirche geweiht. Am Finkenherd war wenige Jahre zuvor ein Museumszweckbau für die Kunst- und Altertumssammlung der Stadt entstanden, der allerdings von einem privaten Spender, dem Bankier Heinrich Vogler, finanziert wurde.

In weit größerem Umfang als die öffentliche Hand nahmen die großen Saatzuchtbetriebe Einfluss auf Baugeschehen und Strukturwandel der Stadt. Sie bestimmten maßgeblich das gründerzeitliche Bild Quedlinburgs. Dazu gehörten in erster Linie die großen Betriebsanlagen. Die der Firma Dippe dominieren noch heute den Neuen Weg und die Turnstraße.

Auch der inzwischen in Teilen abgerissene Mettehof am Gernröder Weg mit seinen Backsteinspeichern und Lagerhäusern ließ erahnen, in welchen Größenordungen hier gearbeitet worden ist. Die Behauptung, Quedlinburg habe mit seinen riesigen Samenspeichern, Trockenböden, Lagerhallen und Scheunen über eine größere Kapazität verfügt als die Hamburger Speicherstadt, erscheint vor diesem Hintergrund recht überzeugend.

An vielen Stellen im Stadtbild und am Rand der ehemaligen Zuchtgärten fallen die roten Backsteinhäuser auf, die als Betriebswohnungen für die Mitarbeiter der Firma Dippe gebaut worden sind. Über 270 Werkswohnungen verfügte die Gebrüder Dippe AG allein in Quedlinburg. Man findet sie in der Seilergasse, in der Kaiser-Otto-Straße, am Langenberg, am Dippeplatz, am Rambergsweg, in der Heinrichs- und in der Mathildenstraße, um nur einige zu nennen. 1921 ließ die Firma Dippe das Lazarett in der Schillerstraße zu einer Entbindungsanstalt umbauen. Es erhielt den Namen „Dippe-Stift" und wird heute als Senioren- und Pflegeheim genutzt.

Buntes Treiben
in der Stadt

vorige Seite:
Buntes Markttreiben in der Word

Auf dem Kleers, einer großen Wiese am Rande der Quedlinburger Neustadt, herrscht mehrmals im Jahr buntes Treiben. Im Frühjahr und Herbst drehen sich hier die Karussells der Schausteller. Marktschreier bieten lautstark ihre Waren an.

Das hat eine sehr lange Tradition. Die Quedlinburger Jahrmärkte des 19. und beginnenden 20. Jahrhunderts zogen nicht nur die Einheimischen magisch an, sie wirkten für die ganze Umgebung wie ein Magnet. Am Haupttag, dem Mittwoch, bekamen alle Kinder schulfrei.

Dicht an dicht standen am Kleers Riesenrad und Luftschaukel, Kindereisenbahn und Kettenkarussell, Los- und Schießbuden. Im Panorama schaute man durch kleine Guckfenster in die große weite Welt, konnte Indianer vor ihren Tipis und „Wilde" im Urwald in großformatigen Bildern bewundern. Schaubuden lockten mit zweifelhaften Sensationen – von der dicken Berta bis zur Dame ohne Unterleib. Beim billigen Jakob gab es von Schnürsenkeln bis zu Spitzenborten alles, was das Herz begehrte.

Historienspiele auf dem Schlossberg

Stadtrundfahrt mit der Bimmelbahn

Eine besondere Attraktion war das Aalreiten im Hippodrom, bei dem Fritze Must der absolute Star war. Als ehemaliger Kürassier saß er beim Reiten fest im Sattel. Schon Wochen vor dem großen Ereignis ließ er seine Fingernägel wachsen, um den an einer Schnur von der Decke hängenden, glitschigen Aal im Vorbeireiten besser fassen und herunterreißen zu können. Wem das gelang, der durfte die Delikatesse mit nach Hause nehmen – vorausgesetzt, der Fisch war nach den vielen Greifversuchen noch in einem einigermaßen appetitlichen Zustand.

Auf der angrenzenden Bossewiese fand gleichzeitig der große Viehmarkt statt, der viele Bauern aus der Umgebung anzog. Vorgänger dieses Volksvergnügens auf dem Kleers war das Vogelschießen der Schützenvereine, das der Quedlinburger Robert Bosse (1832–1901) in seiner Kindheit miterlebt hat und sehr anschaulich in seinen Jugenderinnerungen schilderte:

Das größte Fest, von den kirchlichen abgesehen, war aber in Quedlinburg der „Klers" oder Kleers, wie man das Wort aussprach, d. h. das große Freischießen oder Vogelschießen der Schützengesellschaft, das auf der städtischen Klerswiese abgehalten wurde.

Während der beiden Hauptklerstage, d. h. am Tage des Freischießens und des Vogelschießens, fiel in den Volksschulen der Stadt der Nachmittagsunterricht aus. Die Frauen und die Kinder bekamen neue Kleider und die ganze Stadt war in einer festlichen Bewegung … Wenn die Schützen endlich glücklich in Parade dastanden, auf dem rechten Flügel die große Schützenfahne und die Stadtmusik, dann erschien auf der Rathaustreppe der Bürgermeister in Frack und weißer Binde, schritt die

Mit der Pferdekutsche durch die Straßen der Altstadt

Hexen, Gaukler und Musikanten bevölkern am Tag des offenen Denkmals die Innenstadt

Front ab und nahm den Parademarsch ab. Dann ging es mit schmetternder Musik hinaus nach dem Klerse und das Scheibenschießen begann. Die silbernen Schießpreise prangten dort in einem öffentlich ausgestellten Schaukasten. Wir Jungen aber liefen nach Hause zum Mittagstisch, wurden nach Tisch sauber angezogen und gingen mit einem kleinen Taschengelde versehen hinaus auf den Klers mitten in das Festtreiben hinein, staunten die Schaubuden an und gingen auch wohl in die eine oder andere, soweit das Geld reichte, hinein. Die Eltern, bei uns meist die Mutter allein, folgte gegen Abend nach und dann wurde draußen zu Abend gegessen und zwar regelmäßig Gänsebraten und Gurkensalat. Uns Jungen interessierte das Scheibenschießen zwar auch und wir freuten uns, wenn ein Schuß das eiserne Zentrum traf und dann eine bunt kostümierte Figur, der so genannte Kilian, vermöge einer durch den Zentrumsschuß ausgelösten Feder hinter der Scheibe emporschnellte. Ungleich größer aber war das Interesse, mit dem wir das Schießen nach dem großen buntfarbigen aus Holz geschnitzten Vogel verfolgten. Dieser war auf einer inmitten eines Gerüstes wohlbefestigten, sehr hohen Stange, der Vogelstange, befestigt, die zwischen den Schieß- und Scheibenständen in der

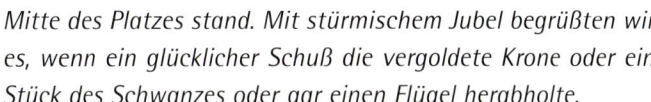

links: Schaulustige drängen sich vor dem Wordspeicher

Mitte des Platzes stand. Mit stürmischem Jubel begrüßten wir es, wenn ein glücklicher Schuß die vergoldete Krone oder ein Stück des Schwanzes oder gar einen Flügel herabholte.

Diese Holzstücke wurden gewogen und je nach dem Gewicht wurden die Gewinne bestimmt. Mit Spannung erwarteten wir am zweiten Tage das endliche Herabfallen des letzten zerschossenen Rumpfüberrestes. Dann zogen die Schützen, den Vogelkönig in der Mitte, mit Musik wieder zur Stadt. Abends krönte dann ein wirklich großartiges Feuerwerk das Fest, und dabei war der ganze Klers von Menschen vollgestopft. Am 3. August, dem Geburtstage des Königs Friedrich Wilhelm des Dritten, war Königsschießen und dann an einem anderen Tage wurde nach einer auf der Vogelstange befestigten Flatterscheibe geschossen. Das ganze Klersvergnügen dauerte in meiner Jugend drei bis vier Wochen. Später ist es eingeschränkt worden und heute wird es an seiner Bedeutung als Volksbelustigung, an der alle Stände teilnahmen, wohl manche Einbuße erlitten haben. An einem der Hauptklerstage wurden damals auch zur größten Belustigung der Kinder Volksspiele veranstaltet: Hahnenschlagen, Preisklettern und ähnliche. Das ganze Klerstreiben war absonderlich und schlug die Schützenfeste der Nachbarorte bei weitem. Immerhin mag die lange Ausdehnung des Festes mit reichlichem Anreiz zu allerlei Vergnügungen und Geldausgaben wohl auch ihre Schattenseiten gehabt haben. Für uns Kinder aber war es der Höhepunkt des Vergnügens.

Aber auch in der Gegenwart wird in Quedlinburg gefeiert. Besonders der Kaiserfrühling und der Tag des offenen Denkmals haben sich zu echten Volksfesten entwickelt. Eine Osterprozession erinnert an die Bedeutung der Quitilingaburg als Osterpfalz der ottonischen Kaiser. In historischen Kostümen ziehen dann die Königs- und Kaiserpaare durch die Stadt – vorbei an vielen Schaulustigen. Den Höhepunkt des Kaiserfrühlings bilden die Pfingsttage mit historischen Schauspielen, zum Beispiel der Nachstellung des berühmten Reichstags, den Kaiser Otto I. 973 in Quedlinburg gehalten hat, mit buntem Markttreiben und alten Handwerken. Dann ziehen Musikanten und Gaukler durch die engen Straßen am Schloßberg und rund um den Marktplatz. Das einmalige Ambiente der malerischen Winkel und Plätze verleiht dem bunten Treiben Charme und Authentizität.

„Nimm mich mit, Kapitän, auf die Reise!"

Detail vom Klopstockdenkmal im Brühl

Unzählige Male mag in den vergangenen Jahrzehnten der Evergreen geträllert, gepfiffen oder gesummt worden sein. Viele erinnern sich noch an seinen berühmtesten Interpreten Hans Albers, aber wohl kaum jemand an Fritz Graßhoff, der den Text geschrieben hat. Auch in seiner Vaterstadt Quedlinburg weiß kaum jemand davon.

Der Name Graßhoff ist hier zwar geläufig, wird aber nicht mit dem Verfasser „Der Halunkenpostille" oder des „Blauen Heinrichs" in Verbindung gebracht, sondern mit einer alteingesessenen Familie von Saatzüchtern und Gartenbauern.

Mit denen aber hat Fritz Graßhoff nichts zu tun. Er wurde am 9. Dezember 1913, ein Jahr vor Ausbruch des Ersten Weltkriegs, in Quedlinburg als Sohn eines Kohlenhändlers geboren. Sein Geburtshaus (Augustinern 88) steht heute nicht mehr.

Im Mittelalter hatte sich an dieser Stelle ein Kloster befunden, das im Bauernkrieg stark beschädigt worden war. Seine noch erhalten gebliebenen Gebäudereste brannten im 18. Jahrhundert bis auf die Grundmauern nieder. Heute erinnert nur noch der Straßenname daran. Seither prägt ein bewegtes Auf und Ab schmalbrüstiger Fachwerkhäuschen den Augustinern.

Unter den Dächern dort waren Armut und Bedürftigkeit zu Hause. Die Bewohner arbeiteten für die großen Quedlinburger Saatzuchtfirmen Dippe und Mette, die Männer als Knechte, Landarbeiter und Tagelöhner, die Frauen in der Hackkolonne auf den Rübenfeldern. Die Kinder mussten am heimischen Küchentisch beim Verlesen von Hülsenfrüchten helfen. Das per Hand sortierte Saatgut wurde dann von den Firmen wieder abgeholt.

Fritz Graßhoff schildert dieses Milieu in seiner Ballade vom Kalfakter Ey und seiner Hackkolonne.

Ballade vom Kalfakter Ey und den sechs schweren Kartuschen

Unter der Junisonne,
am Rande der Bahn,
Kalfakter Ey mit der Hackkolonne
Beackert den Zuckerrübenplan.
Die Trompa-Guste, die Buschen,
Geschwister Treffehn und die Dahl:
dreimal zwei schwere Kartuschen
und ein Korporal.

Kommt der Zwölfuhrzug, ist Pause.
Die Trompa, Busch und Treffehn
trotten zum Essen nach Hause.
Die Dahl kann nicht gehn.
Sie hat eine Blase am Fuß
und muß sich schonen.
Mit dem Henkeltopf voll Apfelmus
humpelt sie hinter die Stangenbohnen.

Da hat sie die Blase vergessen
In einer Senke im Dill
sitzt Ey schon beim Essen,
weil er auch nicht nach Hause will.
Er darf ihr den Topf auslecken.
Sie kämmt sich dabei.
Dann spielen sie Löffelverstecken
bis viertel vor zwei.

Um vier platzt der Inspektor
wie ein Geschoß
in den Zuckerrübensektor,
hoch zu Roß.

Stramm der Kalfakter brüllt:
Ey mit Kolonne bei Arbeit in Rüben!
Der Inspektor entschwebt in Staub gehüllt
und Ey mit der Busch bis viertel vor sieben.

Unter der Junisonne.
am Rande der Bahn
Kalfakter Ey mit der Hackkolonne
beackert den Zuckerrübenplan.
Die Trompa-Guste, die Buschen,
Geschwister Treffehn und die Dahl:
dreimal zwei schwere Kartuschen
und ein Korporal.

Der graßhoffschen Wohnung gegenüber lag der berüchtigte „Goldene Anker", eine Arbeiterkneipe mit angrenzendem Tanzsaal. Diese Situation hatte Fritz Graßhoff wohl vor Augen, wenn er später schreibt, er sei zwischen Koksbergen und Bumskneipen aufgewachsen.

Schon seine Lehrer am Quedlinburger Melanchthon-Gymnasium bescheinigen ihm: „Seine Begabung liegt vor allem auf künstlerischem Gebiete." Das wird auch in einem Lebenslauf deutlich, den er als 19-jähriger Oberprimaner verfasst hat und der seiner Meldung zur Reifeprüfung beigefügt ist:

Betrifft Meldung des Oberprimaners Fritz Graßhoff zur Reifeprüfung.

An den Prüfungsausschuß des „Staatlichen Gymnasiums zu Quedlinburg"

Quedlinburg, den 30. 11. 32
Ich habe drei Jahre die Prima besucht, bitte, mich zur Reifeprüfung zuzulassen und in Zeichnen zu prüfen.

Mein Lebenslauf

Am 9. Dezember des Jahres 1913 komme ich zur Welt. Vater ist im Felde. Mutter besorgt das Geschäft. Im Geschäftszimmer wachse ich auf. Manchmal bin ich auch bei der Großmutter in der Küche, schlage Nägel in den Fußboden und freue mich über das rote Feuer im Herd. Später entdecke ich einen Bleistift und bekritzele alles mit Männern, Pferden und Wagen. Vor der Schule, die ich mit dem 7. Lebensjahr besuchen muß, habe ich Angst. Es ist auch so, wie ich es erwartet habe. Ich weine sofort und bin gleich immer der gekränkte Mann. Ich bin schüchtern und hänge am Rockzipfel meiner Mutter. Ich habe eine ganze Schublade voll Zeichnungen, die packe ich einmal in eine Kiste und vergrabe sie im Garten. Manchmal möchte ich Maschinenbauer werden. Machen können, daß etwas von allein läuft, sich bewegt. Am nächsten Tag möchte ich Gärtner werden, das ist wunderbar, denke ich, etwas in die Erde stecken, und dann wächst es! Immer wieder komme ich zum Zeichnen zurück, aber ich komme nicht so oft mehr dazu. Nach drei Jahren Vorschulzeit komme ich 1923 auf die Sexta des Gymnasiums (in Quedlinburg). Anfangs hatte ich schwer mit lateinischen Vokabeln zu ringen, in den anderen Fächern hält man mich für genügend. Deutsch, das mir anfangs schwer fällt, wird neben Zeichnen mein Lieblingsfach. Ich lese viel, alles, was mir in die Hände kommt. Darunter ist Schund. Das fesselt mich eine Weile. Doch ich lasse diese Bücher bald selbst bei Seite. Mit 14 Jahren werde ich konfirmiert und lasse mich willig in alles Kirchlich-christlich-evangelische einführen. Ich besuche gern Gemäldesammlungen und schwärme für die Romantiker, die mit flüssigem Mondschein malen. Ein Jahr lang radiere ich kleine Bildchen voll Nachtwächter und alter Brunnen. Dann hört alles auf. Ich dichte. Lese Bücher auf ihren Stil hin. Beschäftige mich mit Philosophie hin und wieder. Ich komme wieder zur Malerei zurück, sehe Expressionisten, lese darüber. Immer sitze ich nun vor meinem Zeichenbrett. Nun stehe ich

Fritz Graßhoff
(Foto: Peter M. Stajkoski, Lentzke)

bald vor der Wahl des Berufes. Mein Plan steht fest: Ich werde vom Malerlehrling über das Handwerk zu einem Künstlerberuf steigen."

Diesen Plan hat er verwirklicht. Über eine Lehre als Kirchenmaler und später als Schriftleiter einer Quedlinburger Zeitung führte ihn sein Weg nach seiner Soldatenzeit im Zweiten Weltkrieg nach Celle, wo auch seine ersten Gedichtbände erschienen und natürlich die „Halunkenpostille": freche, schöne, bittere Lieder, die an Morgenstern, Ringelnatz und Tucholsky erinnern, vor allem aber an Klabund, den er schon als Schüler besonders liebte.

Von seinem 1980 erschienenen Roman „Der blaue Heinrich" sagte Graßhoff einmal gar nicht bescheiden: „Da habe ich Weltliteratur gemacht, aber keiner hat es gemerkt." Daneben textete er für Schallplatten, Filmaufnahmen und Musicals, zum Beispiel eben den Schlager vom Kapitän und der Reise in die weite, weite Welt. Das sicherte ihm und seiner Familie – er

hatte 1950 in Celle geheiratet – den Lebensunterhalt.

Aber Fritz Graßhoff hatte noch eine zweite künstlerische Begabung, die sich schon in der Kindheit herauskristallisiert hatte und ihn durch alle Phasen seines Lebens begleitete. Das war die Malerei. Aus seiner Zeit in Zwingenberg an der Bergstraße und vor allem aus Kanada, wo er seit 1983 lebte, gibt es eine Fülle von Zeichnungen, Grafiken und Gemälden. Am 9. Februar 1997 ist Fritz Graßhoff in seinem Haus in der Provinz Quebec gestorben.

Viele Eindrücke und Kindheitserfahrungen hat er aus seiner Heimatstadt mit in seine Kunst genommen, sowohl in sein literarisches wie auch in sein bildnerisches Schaffen. Er selbst hat Quedlinburg einmal als Sprachuniversität des Rotwelschen bezeichnet. Aus diesem auf dem Münzenberg gesprochenen Gaunerjargon hat er viele Begriffe in seine Halunken- und Seeräuberballaden einfließen lassen. Auf die Frage eines Reporters, was er sonst noch mit Quedlinburg verbinde, antwortete er: „das Alte und Klopstock".

Dem größten Sohn seiner Vaterstadt hat er das Gedicht „Der junge Klopstock" gewidmet. Es erinnert an berühmte Oden wie den „Schlittschuhlauf" oder Klopstocks Hauptwerk, den „Messias", ist aber eben ganz im graßhoffschen Jargon gehalten, frech und ein wenig respektlos vor dem gefeierten Heroen.

Der junge Klopstock

Schöner Mond,
Orion und Eis!
Klopstock wollte Kattunhändler werden
In Übersee.
Aber der Schnee war wie Licht
und dunkel der Fluß.
Wenn er Schlittschuh lief,
fiel ihm gern ein Schöneres ein:
ein Frauenzimmer,

ein Dekolleté,
ein Kurz, ein Lang,
ein Für-beinah-immer.
Und ein Stück Messiade.

Nicht nur im Roman „Der blaue Heinrich", der stark autobiografische Züge trägt, finden sich pralle, lebensvolle Schilderungen des Quedlinburger Milieus aus Fritz Graßhoffs Kinder- und Jugendzeit, auch viele seiner Gedichte lassen Reminiszenzen daran anklingen.

Manchmal sind es leise, verhaltene Töne wie in „Nachsitzen in Quinta", manchmal derbdrastische wie in der Ballade vom Kalfakter Ey, manchmal ironisch-sarkastische wie beim Kastellan Kawenz.

Nachsitzen in Quinta

Nachmittag ohne Beginnen.
Wie die Türme schweigen,
die blauen!
Und schief gestapelt
Auf dem Katheder die Kladden.

Der Kastellan
Schwimmt mit der Harke
Über den Schulhof.
Unter der Erde
Schabt eine Geige Schiefer,
und die Augen der Tintenfässer
schwarz verweint.

Fritz Graßhoff, Traumstadt. Ob seine Traumstadt wohl an der Bode gelegen hat?

Durch das geöffnete Fenster
Taumelt ein Ahornblatt
Vor die steile Falte
Des Ordinarius.

Die Blicke klappen
In das Geäst der Syntax.
Voll roter Signale
Sind die Zeilen der Zukunft.

Kawenz oder Das Objekt im Grab
Eine merkantilistische Ballade

Im alten Dome zu Bregenz
War Kastellan ein Herr Kawenz.
Der leitete den Fremdenstrom,
beschrieb, erläuterte den Dom
und war für Trinkgeld gern bereit,
die größte Sehenswürdigkeit
zu zeigen: einen Sarkophag,
in dem die Gräfin Olly lag.
Er schob den Deckel auf die Seit
Und sagte: Welche Heiterkeit
Liegt noch auf diesem Angesicht.
Verehren wir die Gräfin nicht?
Strahlt nicht der Stern noch immerdar?
Von ihrem edlen Wangenpaar
Weht Charme, der noch im kargen Rest
Den alten Glanz erkennen läßt.
Als wieder einmal er geführt,
das Herz gerührt und einkassiert,
da fragte ihn ein Millionär
diskret, ob nicht zu haben wär
ein Souvenir, ein Talisman.
Doch zeigte nur der Kastellan
Das kalte Lächeln einer Sphinx.
Dann, gegen Trinkgeld allerdings,
ließ er von dem Objekt im Grab
dem Herren ein paar Haare ab.

Ein andermal kam ein Baron,
der gegen Gratifikation
ein Stück sich erstand:
den Zeigefinger einer Hand.
Danach verkaufte Herr Kawenz
Bedenkenlos die Eichenkränz,
ein Schulterblatt, ein Schlüsselbein,
Herz, Niere, Galle, Gallenstein
Und machte endlich im Verlauf
Der Zeit totalen Ausverkauf.
Ließ aber Steißbein und Gesäß
zurück, der Pietät gemäß.
Dann nagelte den Deckel drauf
Kawenz und gab den Posten auf.

Wichtiger Nachtrag:

Verschlossen blieb der Sarkophag
Seitdem bis auf den heutigen Tag.
Und nur der Spruch des Herrn Kawenz
Tönt noch in Rhythmus und Kadenz
Wie sonst, obwohl ein andrer spricht:
Verehren wir die Gräfin nicht?
Strahlt nicht ihr Stern noch immerdar?
Von ihrem edlen Wangenpaar
Weht Charme, der noch im kargen Rest
Den alten Glanz erkennen läßt.

Natürlich weiß jeder gestandene Quedlinburger sofort, um welche Geschichte es sich hier handelt. Nicht im Dom zu Bregenz, sondern in der Quedlinburger Stiftskirche liegt die Gräfin Olly, alias Aurora von Königsmarck, begraben.

Am 13. Dezember 2003 hat die Stadt Quedlinburg ihren bedeutenden Sohn anlässlich seines 90. Geburtstages mit einer Gedenktafel in der Pölkenstraße 19 geehrt. In dem stattlichen Fachwerkhaus seines Onkels hat Fritz Graßhoff einen Teil seiner Kindheit verlebt.

Weihnachtszauber

vorige Seite: Vom Quedlinburger Weih-
nachtsmarkt geht ein besonderer
Zauber aus.

Wie ein Weihnachtsgeschenk liegt Quedlinburg dem Betrachter beim Blick vom Schlossberg zu Füßen. Das soll schon der
berühmteste Sohn der Stadt, der Dichter Friedrich Gottlieb
Klopstock, vor mehr als 200 Jahren so empfunden haben. Das
hat sich bis heute nicht geändert.

Zu allen Jahreszeiten ist die Tausendjährige eine anmutige
Schöne. Aber wenn sie sich zur Adventszeit weiche weiße Müt-
zen auf die spitzgiebeligen Dächer stülpt und im frühen Dunkel der Dezemberabende warmes Kerzenlicht aus ihren Fenstern

Advent im Wordspeicher

leuchtet, kann sich niemand dem Zauber entziehen. Dann öffnet sie die Tore und Türen zu sonst verborgenen Schönheiten und erlaubt Blicke hinter die Kulissen in malerische Innenhöfe und stille Winkel.

Advent in den Höfen heißt das Zauberwort für die Sinne. Von ihm scheint eine magische Anziehungskraft auszugehen. Jährlich strömen am zweiten und dritten Adventswochenende Tausende in die historische Innenstadt. Quedlinburg ist längst zur Adventsstadt des Harzes geworden.

Welches Geheimrezept mag sich dahinter verbergen? Ist es die einmalige Kulisse der Fachwerkstadt, sind es die lichterglänzenden Höfe voller verlockendem Kunsthandwerk und lukullischen Genüssen oder ist es vielleicht ein Stück uralter, kindlicher Weihnachtssehnsucht abseits der Hektik des Alltags? Oder ist es das alles zusammen?

Da schaukeln glitzernde Glaskugeln in den Tannenzweigen, mundgeblasen und jede ein kleines Kunstwerk für sich. Der Duft von Punsch und Bratäpfeln mischt sich mit dem von frischem Weihnachtsgebäck. Kein aufdringliches Gedröhne aus Lautsprechern, hier ist alles handgemacht, auch die Musik. Und alles verschmilzt zu einem stimmungsvollen Ganzen: Weihnachten in einer mittelalterlichen Stadt. Das ist heute nicht weniger reizvoll als vor einhundertfünfzig Jahren.

Nur damals ging wohl alles etwas bescheidener zu, wie uns Dr. Robert Bosse in seinen Jugenderinnerungen berichtet. Er wurde 1832 als Sohn eines Branntweinbrenners im Klink geboren und war später preußischer Kultusminister. Seine Schilderung zeichnet ein lebendiges Bild Quedlinburgs und seiner Bürger um die Mitte des 19. Jahrhunderts.

Vor Weihnachten ging es in unserem Hause noch weit unruhiger her als sonst. Es kamen dann viele Kundleute, die ihre Branntweinfässer füllen ließen, Weihnachtseinkäufe in der Stadt besorgten und von den Bäckern ihren erstaunlich großen Bedarf an Honigkuchen (Pfefferkuchen) mitnahmen. Die Quedlinburger Bäcker machten zu Weihnachten mit diesen Honigkuchen ein großes Geschäft. Sie verkauften sie zu vielen Tausenden, und merkwürdigerweise zum doppelten Preis, d. h. für einen Taler erhielt man eine bestimmte Anzahl, aber mindestens dieselbe Anzahl bekam man als Zugabe. Unsere Kundleute nahmen mich zu ihren Einkäufen häufig mit, und ich habe mich als Junge oft genug über diesen seltsamen Handel gewundert. Die Bauern fragten dann, nachdem sie die Honigkuchen pro-

Die Adventshöfe erstrahlen in weihnachtlicher Pracht.

rechts: Lichtergeschmückt präsentieren sich die Fachwerkfassaden am Markt und in den Straßen der Innenstadt.

Der Schuhhof zur Adventszeit

biert hatten, „Wuveel förn Dahler?" Der Bäcker erwiderte: „Drüttig, un drüttig tau". „Nee", sagte der Kundmann, „bi Timpen oder bi Deesen oder bi Liesebergen krieg eck ja woll sößundrüttig oder achtundrüttig." Dann wurde lange und ernstlich um die Höhe dieser Zugabe gehandelt. Ich habe es nie verstanden, warum die Bäcker für einen Taler nicht gleich sechzig oder sechsundsechzig Honigkuchen anboten. Aber die Bauern wollten das nicht. Sie verlangten eine reichliche Zugabe. Im Grunde vielleicht eine Art Selbstbetrug. Jedoch die hergebrachte Sitte wurde mit Zähigkeit festgehalten. Auch sonst steigerte sich vor Weihnachten das unruhige Geschäftstreiben in unserem Hause. Wegen des in der Stadt und auf dem Lande üblichen Kuchenbackens wurden riesige Mengen Preßhefe verbraucht. Die eigne Produktion unserer Brennerei vermochte dann der Nachfrage nicht zu genügen. Täglich kamen mit der Post oder mit Frachtfuhrwerk viele Zentner Zufuhr von außerhalb, namentlich von Ülzen. Meine Mutter besorgte dieses Preßhefengeschäft ganz allein neben ihrer Wirtschaft. Noch heute staune ich darüber, wie sie damit fertig werden und doch noch Kraft und Zeit behalten konnte, an dem einen oder dem andern Abend mit uns in die Weihnachtsausstellung zu gehn, Weihnachtsgeschenke für uns und die Dienstboten zu besorgen und auch den Weihnachtsbaum hinter unserem Rücken aufzuputzen. Die Weihnachtsausstellungen waren nichts weiter als die Verkaufsstätten der Spielwarenhändler und Zuckerbäcker. Sie hatten dann neben ihrem Verkaufsladen die „gute Stube" ausgeräumt und mit alten und neuen Herrlichkeiten ausgestattet, die das Entzücken der Kinder erregten. Wir Jungen waren regelmäßig schon vorher wiederholt dort gewesen, um die Ziele unserer Sehnsucht festzustellen. Wenn dann die Mutter mit uns in die Ausstellungen ging, orientierten wir sie mit verschämter Sicherheit, wo das schönste Puppentheater, der begehrenswerteste Frachtwagen oder Pferdestall und das schönste Zuckerwerk für den Weihnachtsbaum zu finden sei. Im Grunde genommen war es ein unkonventionelles Versteckenspiel. Wenn die Mutter einen unserer besonderen Weihnachtswünsche zu befriedigen trachtete, wurde der Kauf trotz unserer Gegenwart zwar abgeschlossen, aber unter allerlei Vorsichtsmaßregeln und Fiktionen, die darauf abzielten, daß wir nichts merken sollten. Wir schienen auch nie etwas zu merken. Mit überzeugender Naivität hörten wir, anscheinend ahnungslos, zu, wie dieses oder jenes Stück für einen auswärtigen Vetter oder Bekannten erstanden wurde. In Wirklichkeit wußten

wir ziemlich genau, was die Glocke geschlagen hatte. O kindliche, kindische Torheit! Wie naiv waren wir alle, Große und Kleine, Alte und Junge!

In Quedlinburg wurde damals überwiegend nicht am Heiligen Abend, sondern in der Morgenfrühe des ersten Weihnachtsfesttages beschert. Wir mussten am Christabend, wenn wir nach Hause kamen, früh ins Bett. Denn am ersten Feiertag galt es früh aufzustehen. Schon vor sechs Uhr wurden wir wach und harrten erwartungsvoll der Dinge in der Wohnstube, die da kommen sollten.

Endlich ertönte aus der guten Stube das heiß ersehnte Klingeln. Der Vater öffnete die Tür. Nun leuchtete uns der große, mit allerhand Zuckerwerk geschmückte Christbaum hell entgegen, eine Harzfichte, deren Duft bis nach Neujahr das ganze Haus erfüllte. Zum Schmuck des Weihnachtsbaumes gehörte eine Reihe von Jahr zu Jahr aufbewahrter Inventarienstücke, die jedesmal von neuem Gegenstand unsres bewundernden Entzückens waren, ein kleines Schilderhaus, eine Marzipantrommel, einige große Zuckerfiguren und Ähnliches. Unter dem Baum lagen auf weißgedeckten Tischen unsre Geschenke. Sie waren nach heutigen Begriffen bescheiden; wir aber fanden sie jedesmal überreichlich und unsre Erwartungen übertreffend. Da waren die längst ersehnten neuen Kleidungsstücke, oder wie wir sagten, „neues Zeug", ein mit rotem Zuckerguß glasierter

großer Honigkuchen mit unserm Vornamen in erhabener weißer Zuckerschrift, ein gutes Buch, Schreibmaterial und sonst allerlei Nützliches und Notwendiges, auch – in äußerst mäßigen Grenzen ein wenig Spielzeug, eine Arche Noah oder ein Pferdestall, Frachtwagen, mit dem wir Kundmann spielten, oder ein Baukasten, ein Schachbrett oder ein Gesellschaftsspiel (Post- oder Reisespiel, Lotto oder Hammer und Glocke, auch Schimmelspiel genannt) und einmal sogar – es dünkte uns kaum möglich – ein Puppentheater mit wirklichen Kulissen und mit zierlichen Figuren, die man an einem Draht agieren ließ. Einer von uns, in der Regel ich als der Älteste, sagte das Weihnachtsevangelium auf.

Wir Kinder hatten zu Weihnachten auch für einander und für die Mutter immer irgend ein kleines Geschenk. Mit uns erhielten auch die Dienstboten eine reichliche Weihnachtsbescherung. Nur mein Vater kam regelmäßig zu kurz. Er war gar zu bedürfnislos. Nur zwei Weihnachtsgeschenke erhielt er jedes Jahr, einen neuen Kalender für das kommende neue Jahr und ein schlichtes Taschennotizbuch mit einem Bleistift.

Während der Weihnachtsbescherung wurde draußen allmählich Tag. Durch die Fenster sahen wir in den Nachbarhäusern die Christbäume glänzen, und in hoher Feststimmung begrüßten wir das helle Tageslicht, vor dem die Wachskerzen am Christbaum erloschen. Mein Vater schickte mich dann noch

Antiquariat im Schuhhof

Hof des Grünhagenhauses

zu einigen armen Familien am Klinge oder in der nahen Stobenstraße, hier einen Taler und dort einen als Weihnachtsgabe bei armen Leuten abzugeben. Das brachte ihm viel warmen Dank ein. Dann aber wurde es Zeit, „Weihnachtssachen", Rock, Weste, Hose oder Stiefel anzuziehn. Denn fünf Minuten vor neun Uhr ging es unweigerlich zur Kirche. Schon während der Bescherung hatte mein Vater, mochte es noch so kalt sein, ein Fenster geöffnet, damit wir hören konnten, wie schön und feierlich der von der Stadtmusik vom Turme der Marktkirche geblasene Choral „Lobt Gott, ihr Christen alle gleich" durch den stillen Festmorgen schallte.

In der Kirche gehörte ich, fast solange ich denken kann, schon als Schüler der Klippschule und später als Glied des Gymnasialchors, auf den hohen Orgelchor. Von dort sangen die Klippschüler einen Teil der Responsorien bei der Liturgie. An Festtagen aber führte der Chor des Gymnasiums dort mit Begleitung des städtischen Musikchors eine förmliche Kantate auf oder sang auch an gewissen Sonntagen eine Motette. Dazu hatte sich dann der Musikdirektor des Gymnasiums, der die Kirchenmusik leitete, noch die frischen Stimmen einiger Mädchen aus der höheren Mädchenschule gesichert. Diese mit ihren neuen Weihnachtsmänteln und Hüten, wir Jungen in unsern

neuen Anzügen, die Musiker mit ihren Instrumenten fanden sich dann am Weihnachtsmorgen pünktlich auf dem Orgelchor zusammen. Zuletzt kletterte regelmäßig der städtische Musikdirektor David Rose, ein ungewöhnlich dicker Mann und ungewöhnlich guter Musikus, keuchend die steile Chortreppe hinauf und begrüßte uns oben aufatmend mit einem freundlichen „Guten Morgen, angenehme Maikühle heute, zwölf Grad unter Null, Reaumur." Wegen der Nähe des Harzes pflegt es im Winter ohnehin in meiner Vaterstadt recht kalt zu sein, und zu Weihnachten haben wir oben auf dem Orgelchor oft weidlich gefroren. Aber der Feststimmung tat das keinen Eintrag, und von Kirchenheizung war damals noch keine Rede. Wenn wir dann mit der vollzählig versammelten Gemeinde unter der gewaltigen Begleitung der schönen Orgel oder abwechselnd unter Posaunenbegleitung der Stadtmusik sangen: „Dies ist der Tag, den Gott gemacht, sein werd in aller Welt gedacht", so hatten wir einen großen Eindruck von Weihnachten.

Brücke-Hof am Steinweg

Liebeserklärung an eine Tausendjährige

Sommer 1989

vorige Seite: Bröckelnde Fassaden im Alten Topf

Ich schlendere durch die Altstadt. Es ist Sonntag. Das grelle Licht des sonnigen Tages ist gedämpfter geworden. Der Abend wirft seine ersten Schatten. Meine Schritte hallen auf dem ausgetretenen Pflaster der menschenleeren Straßen. Die prachtvollen Bürgerhäuser im nördlichen Teil der Breiten Straße bieten ein trauriges Bild. Überall Spuren des Verfalls, bröckelnde Fassaden, verwittertes Holz, kaputte Dachrinnen. Durch eine offene Haustür fällt der Blick in ein barockes Treppenhaus. Eine von Säulen flankierte und mit reicher Schnitzerei geschmückte Tür auf der umlaufenden Holzgalerie zeigt letzte Spuren der einstigen Wohlhabenheit und des Kunstsinns eines selbstbewussten Bürgertums. Das prächtige, hölzerne Treppengeländer ist mit rohen, ungehobelten Latten „ausgebessert" worden, damit niemand durch die meterbreiten Fehlstellen in die Tiefe stürzen kann. Von der Decke und den Wänden, die seit Jahrzehnten keine Farbe mehr gesehen haben, bröckelt der Putz.

Ein paar Schritte weiter hört plötzlich die Straße auf. Wo sich bis vor Kurzem noch die kleinen Häuschen der Grabengasse in den Schutz der Stadtmauer duckten, wo die Dovestraße im Schmuck ihres Fachwerks in die Schmale Straße, eine Hauptverkehrsader der mittelalterlichen Stadt, mündete, dehnt sich gähnende Leere. Abrissgebiet. Ich habe es gewusst, aber nun stehe ich davor, gehe über das holprige Pflaster der alten Gassen, rechts und links Schuttberge, morsches Holz, Reste des Lehmverputzes und der Geruch von Staub und Moder. Zwei Männer suchen in der Trümmerlandschaft nach verwertbaren Resten. Unwillkürlich wird man an die Bombenangriffe des Zweiten Weltkriegs erinnert, von denen Quedlinburg glücklicherweise verschont blieb. Erst die vierzig Jahre danach haben dieser Stadt ihre tiefen Wunden geschlagen, haben ihr Gesicht gefurcht und zerschunden. Seit Jahren dem schleichenden Verfall zusehen zu müssen war schon bedrückend, aber das hier tut körperlich weh. Es ist ein Stück des eigenen Lebens, der Kindheitserinnerungen und Jugendträume, das mit dieser Stadt stirbt – Haus für Haus, Straße für Straße. Und die Lücken werden immer größer.

Sicher, diese Öde wird wieder bebaut werden, mit Gebäuden in „HMBQ" – Hallescher Monolithbauweise –, das Q bedeutet Quedlinburg. Einige hundert Meter weiter im Neuendorf stehen sie schon, fernbeheizt, mit Giebeldächern, sogar ein bisschen Holz in die Fassaden eingefügt. Die schönen, alten Haustüren, aus dem Abriss geborgen und neu aufgearbeitet, sind liebenswerte Details. Das zweite Baugebiet im Lazarettgarten, der jetzt Rosengarten heißt, wirkt ohne diese Extras wesentlich stereo-

Überall Spuren des Verfalls

typer. Aber wenigstens sind uns die Plattenbauten in der Innenstadt erspart geblieben. Die Wohnungen sind hier begehrt. Sie
bieten gegenüber den alten Fachwerkhäusern einen gewissen
Komfort. In einem Museum kann man nicht leben. Aber gäbe
es nicht vielleicht noch einen anderen Weg? Einen, der diese
unverwechselbare Einheit von mittelalterlichem Grundriss und
historischer Bebauung nicht zerstört, diesem einmaligen Stadtbild seine Anmut, seine unaufdringliche Schönheit erhält?

Ich bin in dieser Stadt geboren. In der Not und bedrücken-
den Enge der Nachkriegsjahre war sie voll von pulsierendem

Blick in die Mühlenstraße

Morbider Charme in den Hinterhöfen

Leben und strahlte doch Beschaulichkeit und Geborgenheit aus mit ihren sauberen Straßen, in denen es kein unbewohntes oder unbewohnbares Haus gab, den vielen kleinen Läden und Werkstätten, den stillen Gassen und Winkeln. Meine Stadt – ein bisschen kleinbürgerlich vielleicht mit ihren manchmal etwas behäbigen, bodenständigen Bewohnern, deren Mundart ebenso breit war wie ihre Fachwerkhäuschen schmal – es wird sie so nie mehr geben. Immer habe ich geglaubt, hier wäre mein Platz. Jetzt kommt mir zum ersten Mal der Gedanke einfach wegzulaufen, wegzugehen aus dieser Stadt, aus diesem Land, um dem qualvollen Sterben nicht jeden Tag hilflos gegenüberstehen zu müssen.

26. Oktober 1989

Das frühe Dunkel eines verhangenen Oktoberhimmels liegt über den Dächern der Stadt. Die Straßen sind still und dunkel. In kleinen Grüppchen huschen Menschen an mir vorbei. Sie haben das gleiche Ziel. Die Ruhe ist trügerisch. Die Luft knistert vor Spannung. Es ist ein seltsames Gemisch aus Angst, Entschlossenheit und prickelnder Neugier in mir.

Seit August ist die Situation in der Stadt immer kritischer geworden. Viele junge Quedlinburger sind fortgegangen, haben versucht, über Prag oder Budapest in den anderen Teil Deutschlands zu gelangen. Täglich hört man neue Hiobsbotschaften. Ärzte, Krankenschwestern, Verkäuferinnen ... überall fehlen Arbeitskräfte. Größere Operationen können nicht mehr durchgeführt werden, die Versorgung droht zusammenzubrechen.

Mit Handzetteln, die in Nachtarbeit auf uralten Vervielfältigungsgeräten abgezogen wurden, und durch Mundpropa-

ganda ist die Bevölkerung für heute zu einem Treffen aufgerufen worden. Die Kirchenleitung hat die Marktkirche dafür zur Verfügung gestellt. Sie ist bereits eine Stunde vor Beginn hoffnungslos überfüllt. Die Menschen drängen sich an den Eingangstüren, füllen den Platz zwischen Kirchhof und Kornmarkt. Ich werde in Richtung Bockstraße geschoben. Die Menge strömt auf die Nikolaikirche am Mathildenbrunnen zu. Auch hier, im größten Gotteshaus der Stadt, stehen sie Kopf an Kopf. Ich schlängle mich durch die Vorhalle in das Seitenschiff. In der Nähe der Tür bleibe ich stehen. Weiter geht es nicht. Der Stimme des evangelischen Pfarrers ist die innere Erregung anzumerken.

Nach ihm treten Quedlinburger ans Mikrofon. Sie kommen aus allen Bevölkerungsschichten – Arbeiter, Ärzte, Lehrer, Ingenieure. Sie sprechen von ihrer Betroffenheit, von den sie und alle bewegenden Problemen. Zum ersten Mal seit vielen Jahren sprechen sie frei, sagen sie das, was sie denken und fühlen, unterbrochen von spontanen Beifallsbekundungen. Das Kyrie eleison, das „Herr, erbarme Dich", das zwischendurch angestimmt wird, geht den meisten kaum oder gar nicht über die Lippen. Viele sind zum ersten Mal in ihrem Leben in einer Kirche, fühlen sich verunsichert. Hier und da richten sich forschende Blicke auf die Nachbarn, suchen nach stadtbekannten Gesichtern von Mitarbeitern oder Informanten der Staatssicherheit und finden sie auch. Aber niemand geht. Sprecher werden gewählt, die der Stadtverwaltung ihre Forderungen vortragen sollen.

Die Versammlung geht friedlich auseinander. Es hat keine Eskalation der Gewalt gegeben. Die Kampfgruppen, die rings um die Stadt zusammengezogen waren, können ihre Stellungen verlassen und nach Hause zurückkehren. Ein Anfang ist gemacht. Was wird er bringen, für uns und für diese Stadt?

6. Januar 1990

Von der Rathaustreppe schweift der Blick über eine unübersehbare Menschenmenge. Der ungewöhnlich warme, sonnige Januartag hat 50 000 Gäste in die Mauern der alten Stadt gelockt. Wohl selten in ihrer langen und ereignisreichen Geschichte hat sie ein so fröhliches, buntes Gewimmel in ihren engen Straßen und winkligen Gassen gesehen.

Die Quedlinburger haben zu einem ersten deutsch-deutschen Stadtfest eingeladen. Ein Dankeschön soll es sein für die Herzlichkeit und freundliche Aufnahme bei den ersten zaghaften Schritten über Mauer und Stacheldraht, als nach dem 9. November 1989 Tausende nach Harzburg und Goslar, nach Wolfenbüttel und Braunschweig strömten.

Nun sind sie gekommen, die Gäste aus dem anderen Teil Deutschlands, aus den grenznahen Orten und Kreisen des Harzes und seines Vorlands, manchmal nur etwas mehr als einen Steinwurf entfernt und doch unerreichbar weit einst. Ein Traum wird wahr, steht auf einem Anstecker, wie viele ihn tragen. Im Festsaal des Rathauses haben sich die Bürgermeister und Vertreter der eingeladenen Städte und Gemeinden versammelt. Sie überbringen Grüße und gute Wünsche. Die Straßen sind gefüllt mit fröhlichen Menschen. Geschiebe und Gedränge, bunte Fähnchen und Luftballons in Kinderhänden. Alte Freunde sehen sich nach oft langer Zeit zum ersten Mal wieder, neue finden sich. Die Gastfreundschaft ist groß, die Herzlichkeit kaum zu überbieten. Alle Türen stehen offen, die amtlichen und die privaten. In den Hausfluren werden Erfrischungen und riesige Teller mit belegten Broten angeboten.

Eine Stadt feiert ihr Fest, spontan, fröhlich und ungezwungen, überschäumend im Gefühl neu gewonnener Freiheit. Ein Traum ist wahr geworden. Und heute? Was ist geblieben von all den Träumen und Hoffnungen, von der Euphorie der ersten Stunden? Die Wirklichkeit hat uns eingeholt. Sie sieht für viele alles andere als rosig aus. Viele Fragen sind noch offen, viele Probleme noch ungeklärt.

Aber die Stadt verändert täglich ihr Gesicht. Der Abriss ist gestoppt. Die Zahl der Baugerüste nimmt zu. Eine Fassade nach der anderen schüttelt das bröckelnde Einheitsgrau der letzten Jahrzehnte ab, taucht sich in neuen Glanz, beginnt wieder zu leben. Ganze Straßenzüge strahlen im Schmuck ihrer Palmetten und Taustäbe, ihrer Flechtbänder und Schiffskehlen.

1994, als die Stadt ihren tausendsten Geburtstag feierte, lächelte ihr Gesicht wieder anmutig, waren die tiefsten Narben verheilt. Sie war nie eine aufdringliche Schöne, ihr Schmuck war maßvoll und hatte Stil. Noch heute spürt man den Hauch einer großen Vergangenheit in ihren Mauern. Ihre bedeutenden mittelalterlichen Bauten auf dem einstigen Familiensitz des ottonischen Kaiserhauses machen sie zur heimlichen Hauptstadt auf der Straße der Romanik. Und seit dem Jahr 1994 steht sie als geschütztes Kulturgut auf der Welterbe-Liste der UNESCO.

Welterbe zwischen Vergangenheit und Zukunft

Am Schlossberg

Als Quedlinburg im Dezember 1994 als erster Ort der neuen Bundesländer von der UNESCO in die Liste der geschützten Kultur- und Naturdenkmale der Menschheit aufgenommen wurde, gab es dafür zwei wichtige Gründe. Zum einen dokumentieren die Grabstätten König Heinrichs I. und seiner Gemahlin Mathilde in der Stiftskirche den Beginn deutscher Geschichte vor über tausend Jahren, zum anderen bietet die Stadt in ihrem in Jahrhunderten gewachsenen unverwechselbaren Gesamtbild ein einzigartiges Baudenkmal von europäischem Rang.

Die Ehre, als ebenso bedeutsam wie die ägyptischen Pyramiden oder die chinesische

Mauer angesehen zu werden, brachte für die Stadt komplizierte Aufgaben.

Mehr als 2000 Fachwerkhäuser mussten saniert und teilweise vor dem endgültigen Verfall gerettet werden, Besitzverhältnisse waren zu klären und Investoren zu finden. Die Zeit drängte, wenn es nicht für große Teile der Bausubstanz zu spät sein sollte. Die Anforderungen waren riesig.

Quedlinburg gehört mit seinem etwa 90 Hektar umfassenden Stadtkern und einem Sanierungsgebiet, das neben Fachwerk auch repräsentative Bauten des Historismus und des Jugendstils besitzt, zu den größten Flächendenkmalen Deutschlands. Mit Hilfe staatlicher und privater Förderung wurde das fast Unmögliche angepackt. Die Bilanz kann sich sehen lassen. Mehr als die Hälfte der Fachwerksubstanz ist restauriert und strahlt im neuen Glanz.

Welterbe bedeutet aber nicht nur, Denkmalwürdiges zu konservieren, sondern auch, mit der Vergangenheit zu leben und sie weiterzuentwickeln, ohne sich den Blick in die Zukunft zu verstellen. Ein erster Schritt dazu war die Bereitschaft vieler Bürger, ihre Häuser zu sanieren und darin wohnen zu bleiben, statt auf der grünen Wiese neu zu bauen.

Angezogen vom einmaligen Ambiente und dem Charme Quedlinburgs, hat sich eine Kunst- und Kulturszene entwickelt, die die Stadt lebendig und lebenswert macht. Junge Künstler aller Genres versuchen, vor dem Hintergrund und in der Auseinandersetzung mit Geschichte und Tradition schöpferisch Neues zu gestalten, damit Quedlinburg mehr ist als die Stadt mit der großen Vergangenheit.

„Die Stiftskirche mit den Gräbern des ersten deutschen Königs Heinrich I. und seiner Frau Mathilde ist ein architektonisches Meisterwerk der Romanik", heißt es in der Begründung der UNESCO zur Aufnahme Quedlinburgs in die Liste des Weltkulturerbes.

Literatur

Beaucamp, Gerta: Dr. Christian Polycarp Leporin, Archiv für Sippenforschung, Heft 116/17. 1989/90.

Beaucamp, Gerta: Das Testament der Dr. Dorothea Christiane Erxleben, Mitteldeutsches Jahrbuch für Kulturgeschichte und Geschichte, Band 4. Weimar, Köln, Wien 1977, S. 59–67.

Bethge, Karl: Auserlesene Quedlinburger Anekdoten. Museumsbücherei, Heft 1. Quedlinburg 1957.

Böhm, Heinz: Dorothea Christiane Erxleben, ihr Leben und Wirken. Quedlinburg 1965.

Bosse, Robert: Aus der Jugendzeit. Leipzig 1904.

Brinkmann, Adolf: Bau und Kunstdenkmäler der Provinz Sachsen, Kreis Stadt Quedlinburg. Magdeburg 1923.

Deutsche Stiftung Denkmalschutz (Hg.): Das Palais Salfeldt. Ein bürgerliches Barockpalais in Quedlinburg. Bonn 2001.

Fontane, Theodor: Cècile. Stuttgart 1993.

Graßhoff, Heike: Quedlinburg – Massenmord oder Der ganz normale Wahn. Magisterarbeit. Leipzig 1995.

Heimburg, Wilhelmine: Schlösser und Burgen des Harzes, Quedlinburg. Gartenlaube 1899.

Heine, Heinrich: Die Harzreise. Stuttgart 1995.

Holtzmann, R.: Die Geschichte der sächsischen Kaiserzeit. München 1959.

Koerner, Bernhard (Hg.): Deutsches Geschlechterbuch, Bd. 63. 1929, S. 239 ff.

Kötzsche, Dietrich (Hg.): Der Quedlinburger Schatz wieder vereint. Katalog zur Ausstellung im Kunstgewerbemuseum Berlin 1992/93.

Korf, Winfried: Die Pfarrkirchen in Quedlinburg. Das christliche Denkmal, Heft 127/28.

Lorenz, Hermann: Margarete Ode. Die Hexe von Ditfurt. Beilage zum Quedlinburger Kreisblatt, S. 759 ff.

Lorenz, Hermann/Kleemann, Selmar: Quedlinburgische Geschichte, Bd. 1 und 2. Quedlinburg 1922.

Müller, Alice: Klopstockmuseum. In: Städtische Museen. Quedlinburg 1980.

Reimer, Birgit: Historische Entwicklung des Samenbaues und der Pflanzenzüchtung in Quedlinburg bis 1945. Fachschulabschlussarbeit, Quedlinburg 1991.

Rienäcker, Christa/Stein, Martin: Wirtschaftliche Entwicklung in Quedlinburg. In: Festschrift 1000 Jahre Markt-, Münz- und Zollrecht. Quedlinburg 1994.

Rienäcker, Christa: Münzenberg. UNESCO Welterbe Quedlinburg. Lindenberg 2001.

Rienäcker, Christa: St. Wiperti in Quedlinburg. München, Berlin 1994.

Rienäcker, Christa: 1000 Jahre Markt-, Münz- und Zollrecht 994-1994 Quedlinburg. Jubiläumsmagazin, Heft 1.

Schulz, Albin: GutsMuths, Sohn der Stadt Quedlinburg, herausgegeben von der GutsMuths-Oberschule Quedlinburg, 1967.

Schwarz, Paul: Forschungen über die Stuckbilder im Harzgebiet. Zeitschrift des Harzvereins für Geschichte und Altertumskunde 1918, 51. Band, S. 1–22.

Speer, Elisabeth: Quedlinburg und seine Kirchen. Berlin 1970.

Spitzmann, Hans: Quedlinburgs Schlossgarten, Abteigarten und Brühlpark. In: Magdeburger Montagsblatt 1930, S. 324–326.

Voigtländer, Klaus: Die Stiftskirche zu Quedlinburg. Berlin 1989.

Wagner, Hermann: Der Quedlinburger Blumensamenbau. Oschersleben 1995.

Krone und Schleier, Kunst aus mittelalterlichen Frauenklöstern, herausgegeben von der Kunst- und Ausstellungshalle Bonn und dem Ruhrlandmuseum Essen. München 2005.

Johann Christoph Friedrich GutsMuths, Schriftenreihe des Klopstockhauses Quedlinburg, Band IV. Dößel 1999.

Das Kapitel „Liebeserklärung an eine Tausendjährige" ist die gekürzte Fassung eines Beitrages, der 1993 im Dr. Ziethen Verlag Oschersleben im Band „querbeet" veröffentlicht wurde. Wir danken dem Verlag für die freundliche Abdruckgenehmigung.

Detail aus dem gotischen Vesperaltar in der Marktkirche

Danksagung

Autorin und Verlag danken für das Überlassen von Aufzeichnungen und Bilddokumenten zur Familien- und Kulturgeschichte Quedlinburgs: Herrn Dr. Botho Ernst, Marl, Frau Roswitha Graßhoff, Kanada, Frau Rosemagrid Lohmann, Halberstadt, Frau Dr. Silvia Koch, Hemer, Herrn Peter M. Stajkoski, Lentzke

sowie dem Ratsarchiv der Stadt Quedlinburg, dem Kirchenarchiv der Stiftskirche Quedlinburg, der Historischen Bibliothek des Schlossmuseums Quedlinburg, dem Evangelischen Pfarramt St. Servatii und St. Johannis, dem Katholischen Pfarramt St. Mathilde und den Städtischen Museen für das Entgegenkommen bei der Akteneinsicht und den Fotoarbeiten.